跨学科课程的10个创意教学设计

叶王蓓 等 著

华东师范大学出版社
·上海·

图书在版编目(CIP)数据

跨学科课程的10个创意教学设计 / 叶王蓓等著.
上海：华东师范大学出版社，2025. -- ISBN 978-7
-5760-5951-9
Ⅰ. G622.0
中国国家版本馆 CIP 数据核字第 202540AN17 号

跨学科课程的 10 个创意教学设计

著　　者　叶王蓓 等
责任编辑　刘　佳
审读编辑　林青荻
责任校对　张　筝　时东明
装帧设计　刘怡霖

出版发行　华东师范大学出版社
社　　址　上海市中山北路 3663 号　邮编 200062
网　　址　www.ecnupress.com.cn
电　　话　021-60821666　行政传真 021-62572105
客服电话　021-62865537　门市(邮购)电话 021-62869887
地　　址　上海市中山北路 3663 号华东师范大学校内先锋路口
网　　店　http://hdsdcbs.tmall.com

印 刷 者　上海展强印刷有限公司
开　　本　787 毫米×1092 毫米　1/16
印　　张　15.5
字　　数　212 千字
版　　次　2025 年 7 月第 1 版
印　　次　2025 年 7 月第 1 次
书　　号　ISBN 978-7-5760-5951-9
定　　价　68.00 元

出 版 人　王　焰

(如发现本版图书有印订质量问题，请寄回本社客服中心调换或电话 021-62865537 联系)

前 言

2022年,教育部印发《义务教育课程方案(2022年版)》及16个学科的课程标准,并在课程方案中指出:"原则上,各门课程用不少于10%的课时设计跨学科主题学习。"跨学科教学设计成为一线关注的议题。但是,在推进过程中,跨学科课程建设需要回应如下问题:学科如何融合?跨学科教学设计有哪些原则?跨学科教学实施的特点是什么?教学评价如何开展?

近两年来,本书作者团队在上海市、浙江省、福建省的九所学校开展跨学科教学设计探索,对上述四个问题形成了初步的思考和相应的跨学科教学设计案例。第一,跨学科教学设计的学科融合可以基于课程标准的具体要求、学科德育功能的需要,以及学校教学中遇到的实际问题的需要等来强化学科间的整合。第二,跨学科教学设计的基本原则是,注重创设真实情境,设计系列问题链、任务链开展教学,培养学生运用知识解决问题的能力,从而落实核心素养培育的任务。第三,跨学科教学实施的场景,会体现跨学科加强课程内容与学生经验、社会生活的联系的特点,从而出现教学实施场景不局限于课堂教学的情形,进一步拓展到打通课内外的项目化学习,进一步打通校内外的馆校合作学习。第四,跨学科教学评价,可以包括三个层次的考虑:前两个层次包括对学生的评价、对教学设计材料的评价,第三个层次则更进一步,考虑多学科的融入是否能整体促进教学评价手段的改进。

因此,本书主要分为四篇,每一篇对一个问题进行讨论,并分别提供相应的跨学科教学设计案例加以展开和举例。本书各跨学科教学设计案例的写作格式主要从三个层面展开。

第一，背景信息：设计缘由和跨学科探索的优势。

第二，教学设计：① 概要：课名，课时，跨学科教学目标设计的依据，跨学科教学目标设计，教学材料选取及分析，课前准备，等等；② 教学过程：包括教学流程、师生主要活动、教学评价（含作业设计）等。

第三，跨学科教学设计难点反思，每一篇所选择的案例会特别就该篇关注的学科融合、问题链及任务链设计原则与迭代、实施场景、教学评价等方面的实践情况进行总结和反思。

目 录

前言   1

第一篇 跨学科教学的学科融合思路

第一章 基于课程标准的学科融合思路

本章案例 度量衡的故事——数学学科融入语文、信息科技、美术塑文化自信   7

第一环节 设计思考   7
   环节一 设计缘由   7
   环节二 跨学科探索的优势   8

第二环节 跨学科教学设计   9
   环节一 教学设计概要   9
   环节二 教学过程   14
      任务一 查阅资料了解度量衡   14
      任务二 认识古代度量工具   16
      任务三 借助成语典故应用度量单位   17
      任务四 组织"度量衡的故事"墙报展   19

第三环节 跨学科教学设计难点分析   20
   难点一 如何系统梳理教材内容   21
   难点二 如何创意开发情境学习材料,链接学习内容   21
   难点三 如何开展即时表现性评价   22

第二章　基于学科德育功能的学科融合思路

本章案例　"非遗"簪花——道德与法治学科融入美术、劳动、地理促"五育融合"　　**27**

第一环节　设计思考　27
环节一　设计缘由　27
环节二　跨学科探索的优势　29

第二环节　跨学科教学设计　30
环节一　教学设计概要　30
环节二　教学过程　33
　　任务一　赏·泉州簪花之美　34
　　任务二　悟·泉州簪花价值　37
　　任务三　寻·簪花长红密码　38
　　任务四　传·泉州簪花技艺　41
　　任务五　扬·泉州簪花之美　42

第三环节　跨学科教学设计难点分析　44
难点一　如何选择综合性主题，促成德育与多学科融合　44
难点二　如何搭建项目式学习支架，落实跨学科教学目标　45

第三章　基于问题的学科融合思路

本章案例　"虾"玩"虾"闹——复杂问题统领多学科融合提综合素养　　**48**

第一环节　设计思考　48
环节一　设计缘由　48
环节二　跨学科探索的优势　48

第二环节　跨学科教学设计　50
环节一　教学设计概要　50
环节二　教学过程　52

　　　　任务一　小荷"虾"趣　　　　　　　　　　　　　52
　　　　任务二　小荷"虾"画　　　　　　　　　　　　　54
　　　　任务三　小荷"虾"闹　　　　　　　　　　　　　56
　　　　任务四　小荷"虾"玩　　　　　　　　　　　　　57
　　　　任务五　小荷"虾"厨　　　　　　　　　　　　　58
　　　　任务六　小荷"虾"味　　　　　　　　　　　　　60
　第三环节　跨学科教学设计难点分析　　　　　　　　　　　61
　　难点一　如何针对问题解决情况开展评价　　　　　　　　61
　　难点二　在全校范围开展跨学科教学设计会遇到哪些挑战，该如何应对　　63

第二篇　跨学科教学问题链和任务链设计

第四章　跨学科教学问题链、任务链设计原则

本章案例　绿色生活　快递处理——道德与法治学科融入科学、劳动塑环保意识　　67
第一环节　设计思考　　　　　　　　　　　　　　　　　67
　环节一　设计缘由　　　　　　　　　　　　　　　　　67
　环节二　跨学科探索的优势　　　　　　　　　　　　　68
第二环节　跨学科教学设计　　　　　　　　　　　　　　69
　环节一　教学设计概要　　　　　　　　　　　　　　　69
　环节二　教学过程　　　　　　　　　　　　　　　　　72
　　　任务一　快递包装知多少　　　　　　　　　　　　72
　　　任务二　减少快递包装　　　　　　　　　　　　　76
　　　任务三　快递我设计　　　　　　　　　　　　　　78
第三环节　跨学科教学设计难点分析　　　　　　　　　　81
　难点一　问题链设计的原则　　　　　　　　　　　　　81
　难点二　任务情境创设的原则　　　　　　　　　　　　82

| 难点三　跨学科教学设计中的教师角色定位 | 83 |

第五章　跨学科教学问题链、任务链设计迭代

本章案例　校园安全提案生成记——道德与法治学科融入语文、科学育安全意识	85
第一环节　设计思考	85
环节一　设计缘由	85
环节二　跨学科探索的优势	86
第二环节　跨学科教学设计	87
环节一　教学设计概要	87
环节二　教学过程	91
任务一　"养娃"小达人	91
任务二　观察小能手	92
任务三　探索小专家	97
任务四　提案小高手	100
任务五　反思复盘	101
第三环节　跨学科教学设计难点分析	102
难点一　如何基于真实问题进行问题链、任务链迭代	102
难点二　如何理性看待课标要求，迭代问题链、任务链因材施教	106
难点三　学科教师如何加强合作促进问题链、任务链迭代	110
难点四　评价如何促进学习	111

第三篇　跨学科教学的实施场景

第六章　课堂教学

本章案例　光的反射——物理学科融入语文、历史，培育跨文化素养	117

第一环节　设计思考　　　117
环节一　设计缘由　　　117
环节二　跨学科探索的优势　　　117

第二环节　跨学科教学设计　　　118
环节一　教学设计概要　　　118
环节二　教学过程　　　120
　　任务一　问题引导　　　120
　　任务二　组织讨论　　　121
　　任务三　作业设计　　　121

第三环节　跨学科教学设计难点分析　　　127
难点一　如何选取适用于跨学科跨文化实践研究的理科教育素材　　　127
难点二　理科教师如何进行跨学科教学认知调整　　　128

第七章　项目化学习

本章案例　中国传统文化英语剧——英语学科融入语文、艺术育文化意识学习能力　　　129

第一环节　设计思考　　　129
环节一　设计缘由　　　129
环节二　跨学科探索的优势　　　130

第二环节　跨学科教学设计　　　132
环节一　教学设计概要　　　132
环节二　项目实施过程　　　134
　　流程一　项目准备　　　134
　　流程二　入项活动　　　135
　　流程三　问题解决　　　137
　　流程四　项目演练　　　145
　　流程五　项目成果验收及评价　　　148

第三环节　教学设计难点分析	154
难点一　如何确定跨学科项目的核心	154
难点二　如何在跨学科项目中帮助学生进入状态	155
难点三　如何培养学生21世纪技能和学习素养	156

第八章　馆校合作

本章案例　探究飞行原理　走近中国航天——物理学科融入思政、语文建思政大课堂

159

第一环节　设计思考	159
环节一　设计缘由	159
环节二　跨学科探索的优势	159
第二环节　跨学科教学设计	160
环节一　教学设计概要	160
环节二　教学过程	162
任务一　明确探究步骤	162
任务二　完善探究成果，对照量规交叉评价	165
任务三　搭建分享平台，论坛巩固育人成效	167
第三环节　跨学科教学设计难点分析	168
难点一　如何达成馆校配对	168
难点二　如何开展馆校共研	171

第四篇　跨学科教学评价

第九章　跨学科教学评价系统化架构

本章案例　"节"尽所"能"　"水"与争锋

179

第一环节　设计思考	179
环节一　设计缘由	179
环节二　跨学科探索的优势	179
第二环节　跨学科教学设计	180
环节一　教学设计概要	180
环节二　教学过程	185
任务一　调查研究感知节水必要	185
任务二　分类归纳，分析需求，定义生成驱动性问题	188
任务三　探究屋顶农场节水举措	192
任务四　设计制作节约用水模型	195
任务五　周密测试节约用水模型	199
任务六　成果展示，竞标演讲，科学评价节约用水模型	200
任务七　举一反三，模型迁移，拓展应用节约用水方法	203
第三环节　教学设计难点分析	205
难点一　如何搭建学习支架，形成系列项目子成果便于评价	205
难点二　如何设置导向性评价量规	206
难点三　如何展示终结性成果和开展多主体评价	207
难点四　如何设置多元化评价指标	209

第十章　跨学科教学评价的优势

本章案例　认识自己——道德与法治学科融入心理团体辅导促多主体评价	211
第一环节　设计思考	211
环节一　设计缘由	211
环节二　跨学科探索的优势	212
第二环节　跨学科教学设计	213
环节一　教学设计概要	213

环节二　教学过程　　　　　　　　　　　　　　　214
　　　　任务一　团体辅导游戏导入　　　　　　　　214
　　　　任务二　我眼中的我　　　　　　　　　　　215
　　　　任务三　别人眼中的我　　　　　　　　　　216
　　　　任务四　重新认识的我　　　　　　　　　　217
　　　　任务五　小结　　　　　　　　　　　　　　218
第三环节　跨学科教学设计难点分析　　　　　　　　218
　　难点一　如何选择心理小调查　　　　　　　　　218
　　难点二　如何完善心理健康教育量表作为教学评价工具　221
　　难点三　量表融入跨学科教学作为教学评价工具需要几个步骤　222
　　难点四　如何结合心理团体辅导活动进行多主体质性评价　224

附录　　　　　　　　　　　　　　　　　　　　　231

常见问题清单一览　　　　　　　　　　　　　　233
教学设计通用图表一览　　　　　　　　　　　　235

第一篇
跨学科教学的学科融合思路

新课标提出的跨学科教学要求,体现了对学科割裂痼疾的应对,要求强化学科内知识整合、教师统筹设计跨学科教学的能力。具体表现为教师对其他学科知识与本学科知识可整合情况的了解,教师与其他学科教师开展跨学科教学设计的合作能力,学校对学科教师合作开展跨学科教学设计的支持等。

在一线实践中,教师常自发地与关系较好的同事合作开展跨学科教学设计,有的是文理分开进行学科融合,有的则是针对教育教学中遇到的实际问题进行学科融合,设计跨学科教学。

本篇在梳理实践逻辑的基础上,提出三种跨学科教学的学科融合思路。

第一种基于新课程标准的建议进行学科融合。

如2022年义务教育课程标准,包括语文、数学、生物学、化学、物理、信息技术、地理、历史、体育等都将"跨学科主题学习"纳入课程结构中,并提供了一些实际案例。一线教师开展跨学科合作,可以直接参考课标及课标上的跨学科主题进行教学设计。本篇第一个案例"度量衡的故事"就属于义务教育数学课标提供的跨学科教学主题之一。教师结合本校情况,融合了数学、语文、信息技术和美术学科开展跨学科教学合作。

第二种基于各学科德育功能进行学科融合。

2022年义务教育课程方案提出三个培养目标:有理想,有本领,有担当。从德育角度解读:第一个培养目标凸显的是政治认同品质,第二个培养目标则凸显了求知、求真学本领过程中不可缺少的智力品质(如探究、创新精神)和行为品质(如毅力),第三个培养目标凸显了负责任的公共品质。各学科服务于培养有理想、有本领、有担当的少年的德育目标,实现目标的抓手则是其核心素养。所谓核心素养,是学生通过课程学习逐步形成的正确价值观、必备品格和关键能力。

通过研读各学科义务教育新课程标准,我们可以发现,不少学科的核心素养都紧密围绕德育目标展开，如历史的"家国情怀"、语文的"文化自信"、英语的"文化意识"、地理的"人地协调观"、科学的"态度责任"、体育与健康的"体育品德"等。因此，基于学科德育功能的学科融合可以有这么两条思路。第一，可基于各学科新课程标准对落实德育工作的要求，与思政课程进行跨学科合作，如结合本学科课程标准中凸显德育要求的核心素养，如"体育品格""文化自信"等，与思政课相关内容进行整合。第二，开展思想政治、道德与法治学科教学的时候，也可吸收其他相关学科来充实思政课教学内容、丰富教学方式方法等。本篇第二个案例"'非遗'簪花"就属于道德与法治课吸收融合其他学科进行跨学科教学的做法。

第三种基于教育教学中遇到的实际问题进行学科融合。

和前两种学科融合的思路不同，前两者由于可直接参考课程标准，比较便于操作。第三种学科融合的思路，则是基于学情、校情，围绕一个需要解决的问题，多个学科教师展开合作，进行学科融合设计跨学科教学。如本篇第三个案例"'虾'玩'虾'闹"就针对小学生不会剥虾壳这一生活难题出发，统筹了劳动、数学、科学、美术、体育等学科进行跨学科教学设计。

当然，上述三个学科融合思路在实际设计中，并不唯一，也存在多个融合思路兼有的情况。

在构思好为何融合某些学科之后，设计者需要思考：对某几个学科加以融合，会有哪些预期效果，是否能实现"1+1>2"的效果？从而发挥跨学科教学的优势。设计者可填写"跨学科教学的学科融合思路图"（见图Ⅰ），思考涉及的学科及其相关教学目标，以及沿着这一融合思路，将指向什么跨学科教学主题。

在设计过程中，可参考跨学科主题学习教学设计通用表（见表Ⅰ-1），并不一定要和表格内容一一对应，而是根据表格内容的提示，对自己的教学设计进行思考和创新。

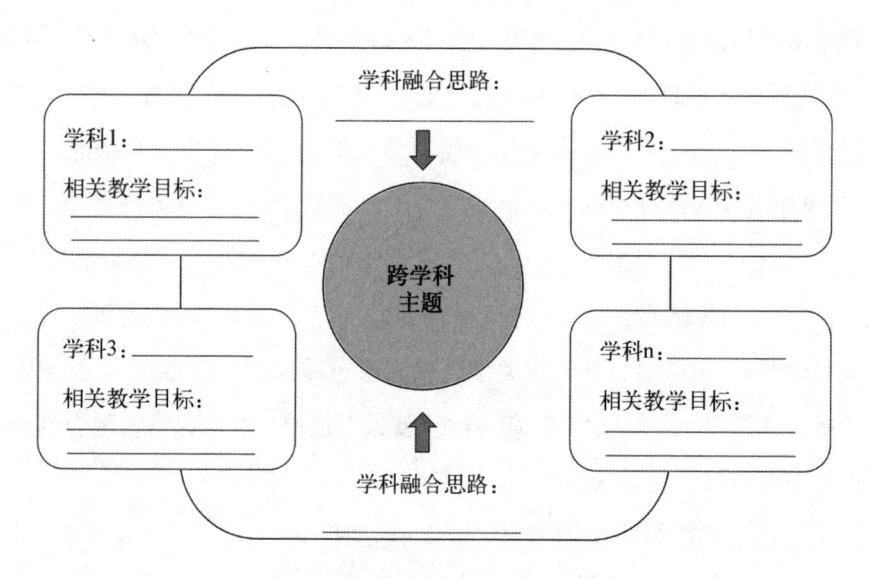

图1 跨学科教学的学科融合思路图

表1-1 跨学科主题学习教学设计通用表

一、基本信息				
主题名称		面向年级	
主题来源		所需课时	
主要学科		关联学科	
二、跨学科主题学习的教学设计				
教学设计简介					
设计依据					

续 表

教学目标	
教学材料选取及分析	
组织教学内容	一、确定组织中心 二、阐释主题和大概念 三、建构知识结构图
学习过程与学习评价（方案二）	学习过程与评价	若"学习过程"和"学习评价"能够整合，可参照下表填写。<table><tr><td>学习任务</td><td>学习活动</td><td>学习支持</td><td>学习评价</td></tr><tr><td rowspan="3">任务一：</td><td>活动一：</td><td></td><td></td></tr><tr><td>活动二：</td><td></td><td></td></tr><tr><td>活动三：</td><td></td><td></td></tr><tr><td rowspan="4">任务二：</td><td>活动一：</td><td></td><td></td></tr><tr><td>活动二：</td><td></td><td></td></tr><tr><td>活动三：</td><td></td><td></td></tr><tr><td>活动四：</td><td></td><td></td></tr></table>
特色与创新	

表 I-1 中的设计依据一栏,要求设计者进行两方面的思考。一是对学情进行分析,包括教学实施的跨学科知识基础、跨学科方法基础、跨学科情感基础。二是对所涉及的跨学科素养及要求进行分析,分析后形成跨学科教学目标设计依据表,见表 I-2。

表 I-2 跨学科教学目标设计依据表

课标要求	素 养 要 求
课标要求来源于各学科2022版新课标。	所涉及的跨学科素养要求来源于对2022版新课标的理解,具体素养要求分析可以参考美国的全国教育协会(National Education Association,NEA)"4C 核心素养"中的创新素养要求。

第一章　基于课程标准的学科融合思路

本章案例
度量衡的故事——数学学科融入语文、信息科技、美术塑文化自信

第一环节　设计思考

环节一　设计缘由

《义务教育数学课程标准(2022年版)》设有"综合与实践",凸显跨学科学习:学生将在实际情境和真实问题中,运用数学和其他学科的知识与方法,经历发现问题、提出问题、分析问题、解决问题的过程,感悟数学知识之间、数学与其他学科之间、数学与科学技术和社会生活之间的联系,形成和发展核心素养。《义务教育数学课程标准(2022年版)》也为第二学段(3~4年级)列举了"度量衡的故事"这一主题活动学习的名称和简要活动内容供教师参考。本章在其基础上,进一步加以拓展和深化设计。

此外,汪晓勤等指出,数学教育,特别是数学史教育具有深远的学科德育价值,注重还原数学的本来面目,揭示数学背后的人文元素,在数学与人文之间架起一座桥梁,有助于理性和品质的培养。数学史的德育价值分为:① 理性,培养坚持真理、追求创新的精神;② 信念:数学是人类的文化活动,是不断演进的学科,而不是僵化的真理系统;③ 情感:增加学习动机、兴趣等;④ 品质:告诉学生面对挫折不必灰心,学会倾听及培养远见卓识等。

其中,数学作为人类的文化活动、一门不断演进的学科,体现了数学学科具

备的应用价值、文化价值和审美价值。这和语文学科、艺术学科的育人目标有交叉之处。《义务教育语文课程标准(2022年版)》指出其核心素养"文化自信"指学生认同中华文化,对中华文化的生命力有坚定信心。《义务教育艺术课程标准(2022年版)》指出"文化理解"核心素养是对特定文化情境中艺术作品人文内涵的感悟、领会、阐释能力;培育该素养,有助于学生在艺术活动中形成正确的历史观、民族观、国家观、文化观,尊重文化多样性,增强文化自信。

最后,《义务教育数学课程标准(2022年版)》也特别提出要重视促进信息技术和数学课程的融合,指出:在实际问题解决中,创设合理的信息化学习环境,提升学生的探究热情,开阔学生的视野,激发学生的想象力,提高学生的信息素养。

环节二 跨学科探索的优势

数学史学科德育在课堂教学中,常见的教学活动和方法有:依据相关历史文献和传记改编实际问题、撰写具有启发性的故事,运用历史上不同的方法解决同一个问题,辨析数学家解决问题的方法等;观看相关历史微视频和动画,了解相关主题的历史演进过程等。此外,课外也可通过组织学生参观数学博物馆和展览,让学生感受数学的魅力和实际应用。

可以说,课堂上数学史学科德育的开展,需要挖掘历史资料,创作相关的故事、问题作为学习载体。但是,历史学科的学习一般安排在7~9年级,小学阶段学生尚未接触到历史学科,如何在小学阶段开展数学史学科德育?

小学语文学科的课程内容——中华传统优秀文化主题教育——有助于解决这个问题。语文学科中,文化主题教育的主要载体为汉字、书法,成语、格言警句,神话传说、语言故事、历史故事、民间故事、中华民族团结一家亲的故事,古代诗词、古代散文、古典小说,古代文化常识、传统节日、风俗习惯等。

一方面,学生在语文学科中对这些文化教育载体开展过系统的学习,有一定的积累。统编小学语文教科书选取了许多能体现中华优秀传统文化的作品，如各册教科书中的古诗不仅体现了诗词文化，还展现了节日习俗、民间习俗等。另一方面，语文学科传统文化学习给学生提供的三种知识可逐渐转化为文化底蕴，学生能对其加以运用，也便于教师在数学史德育教学的活动中鼓励学生使用。一是汉字知识。作为世界上唯一沿用至今的表意文字，印刻古代社会的人情风貌。二是文言知识，承载着传统文化观念和道德准则。三是文史知识，有助于小学生积累文学和历史知识。

且《义务教育语文课程标准（2022年版）》也鼓励开展跨学科学习：引导学生拓宽语文学习和运用领域，围绕学科学习、社会生活中有意义的话题，开展阅读、梳理、探究、交流等活动，提高语言文字运用能力。

信息技术在融入其他学科教学中，较为常见的一个作法便是 Webquest。"Web"指网络，"Quest"指探究，可以理解为"在线寻找信息和选择证据与材料"，于 1995 年由伯尼·道奇（Bernie Dodge）首先在美国提出，指基于网络的研究性活动，被认为有助于激发学生在网上查找相关学习资料并开展自主探究活动的积极性。如英国公民教育中给学生布置任务，学生可以选择完成一个或者数个任务：通过线上搜索，设计一张海报，介绍英国议会历史上最有名的十到十五件大事；编写 2 至 4 页的小手册，向低年级同学介绍议会大厦的历史；制作 5 分钟的幻灯片介绍议会；设计 20 个多选题，考一考议会的知识等。在使用 Webquest 的过程中，教师可结合教室电脑设备的情况，既可以布置学生准备电子版汇报材料如幻灯片，也可以让学生制作美术小报等。

第二环节　跨学科教学设计

环节一　教学设计概要

◆ 课名：度量衡的故事

◆ 设计者：顾恒、王昊宇（华东师范大学附属紫竹小学）

◆ 课时：4课时

◆ 适用年级：小学五年级

◆ 跨学科教学目标设计依据，参照第6页跨学科教学目标设计依据表，表Ⅰ-2进行设计。

表1.1 设计依据

依据来源	具 体 解 析
《义务教育数学课程标准（2022年版）》	量感：知道度量的意义，能够理解统一度量单位的必要性；会在同一度量方法下进行不同单位的换算；初步感知度量工具和方法引起的误差，能合理得到或估计度量的结果。应用意识：有意识地利用数学的概念、原理和方法解释、解决现实世界中与量有关的问题。
《义务教育语文课程标准（2022年版）》	语言运用：在丰富的与量有关的成语语言实践中，通过主动积累、梳理和整合，初步形成良好的语感，感受成语的丰富内涵。文化自信：通过了解度量衡的历史与发展，对中华文化的生命力产生坚定信心；初步了解古人在度量衡上的文明优秀成果，开拓文化视野，积累文化底蕴。
《义务教育信息科技课程标准（2022年版）》	信息意识：能根据学习需要，有意识地选用信息技术工具处理信息；感受应用信息科技获取与处理信息的优势。
《义务教育艺术课程标准（2022年版）》	美术表现：能用传统与现代的媒体、技术和美术语言，通过构思与反思，创作具有思想和文化内涵的度量衡探究小报。

◆ 跨学科教学目标：

① 通过查阅资料、欣赏戏剧表演、观看视频等方式，了解度量衡的历史与发展，认识度量衡的工作原理，理解度量的本质。知道计量对于日常生活与生产实践的重要性，感悟计量单位由多元到统一、由粗略到精细的过程。感受古人创造度量衡过程中所蕴含的智慧、思维价值及人文关怀。

② 通过实践活动,体验度量单位统一、细化等过程,加深对于度量工具、度量单位、度量方法的理解,丰富并发展量感。

③ 通过阅读含有度量衡相关成语的绘本故事,了解成语中这些计量单位在古代的具体意义,在将古代计量单位换算成现代计量单位的过程中,进一步理解文本。

④ 运用不同媒材和美术语言,创作包含度量思想和文化内涵的度量衡探究小报。

⑤ 基于复杂语境,深入思考并发现有价值的问题,主动运用所学知识进行综合分析,最终解决问题。

◆ 教学材料选取及分析:

数学涉及内容是上海"五四学制"一年级上册《长度的认识》单元、二年级下册《质量(重量)的初步认识》单元、四年级上册《毫升与升的认识》小节及五年级《体积》单元,总体而言,这些内容都指向"度量"这一大概念。度量衡的故事是一个跨学科的主题,语文学科一至五年级各单元《语文园地》中关于成语故事的探究,以及美术学科沪教版五年级上册《尝试平面设计》单元也有相关内容,具有跨学科学习的教材内容基础。

◆ 教学前准备:

1. 确定 4 课时教学流程

基于教学目标设计大概念链、问题链、任务链(见图 1.1)。以"什么是度量衡?度量衡怎么使用?度量衡有什么作用?学习度量衡的收获是什么?"为问题链,开展了 4 大任务 12 个活动。引导学生查阅资料,了解常用计量单位的历史和发展,知道计量对于日常生活与生产实践的重要性,感悟计量单位由多元到统一、由粗略到精细的过程,丰富并发展量感,感受古人创造度量衡过程中所蕴含的智慧、思维价值及人文关怀,培养家国情怀。

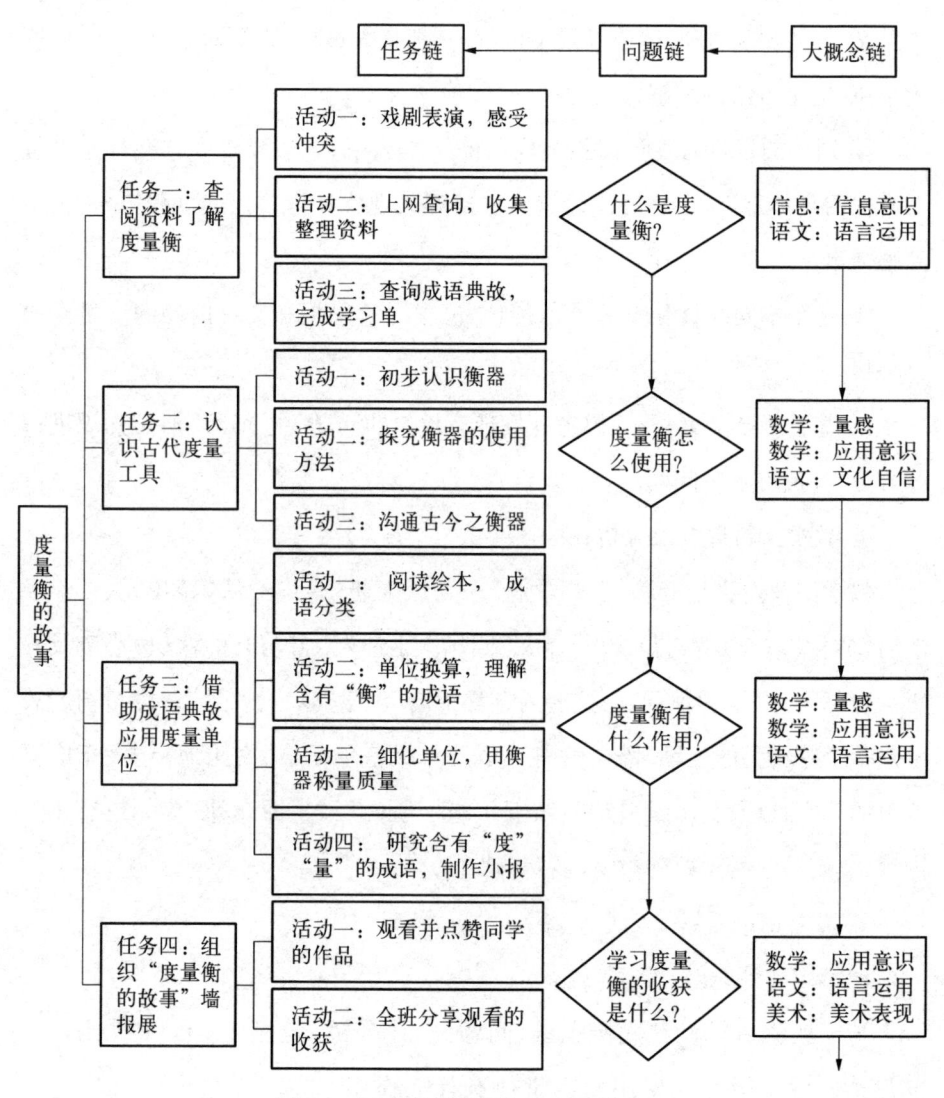

图1.1 "度量衡的故事"4课时教学流程

2. 细化任务

本主题一共有4个任务,分别是"查阅资料了解度量衡""认识古代度量工具""借助成语典故应用度量单位"和"组织'度量衡的故事'墙报展"。第1个任务是活动启动,组织学生运用信息技术查阅资料,了解什么是度量衡,这里主要关联信息科技的信息意识和语文的语言运用素养。

第1个任务先通过由老师改编、学生表演的戏剧"芈月抓药"引入,感受冲突,由此导出问题"药店的老板为什么不给芈月抓药呢?",原来秦、楚两国的度量单位不同。接着让学生查阅资料,了解什么是"度量衡"及古代的度量单位有哪些,都是用来度量什么的。最后去查一查含有度量衡的成语,完成相应的学习单,为任务二、任务三的开展做铺垫。

任务二以"衡器"为主要研究对象,讨论度量衡怎么使用,这里主要关联数学的量感、应用意识和语文的文化自信素养。任务二结合任务一中学生查阅到的度量衡的相关资料,聚焦衡器,交流衡器的发展历程。随后以楚国木衡为研究对象,通过两次数学实验,掌握称量质量的方法并理解统一单位的必要性,感受古人创造度量衡过程中所蕴含的智慧、思维价值及人文关怀。最后比较古代和现代的衡器,寻找其制造和使用的共同点,内化度量本质。

任务三"借助成语典故应用度量单位"解决"度量衡有什么作用"的问题,这里主要运用了数学的量感、应用意识和语文的语言运用素养。任务三通过自编绘本故事《以武会友》,让学生在故事中寻找与度量衡有关的成语,并进行分类,巩固任务一中对古代度量单位的认识。接着重点研究与"衡"有关的成语"千钧一发""锱铢必较""半斤八两",让学生通过数学的单位换算,了解成语中这些计量单位在古代的具体意义,从而进一步理解文本,并思考成语中引用了数和单位起到了什么作用。接着运用任务二所学习的杆秤称量,让学生分别用斤、两为单位测量西红柿的质量,经历两次称量质量的过程,感受计量单位由粗略到精细的过程。

任务四"组织'度量衡的故事'墙报展"让学生总结学习度量衡的收获,运用任务三中研究含有"衡"的成语的方法,自主完成对含有"度"和"量"的成语的探究,并制作成小报。全班将小报张贴在展板上,并进行观摩、点赞、交流,分享这次探究的收获,这里主要涉及数学的应用意识、语文的语言运用和美术的美术表现素养。

环节二 教学过程

任务一 查阅资料了解度量衡

活动一 戏剧表演,感受冲突

《芈月传》是一部以战国后期历史为背景的电视连续剧。楚国公主远嫁秦国,进入秦国后,公主病倒了。芈月拿着楚国医生开的药方去抓药,秦国药铺的掌柜却说药方的药量(重量)不对(实际药量是一样的),不肯将药卖给芈月。因为当时各诸侯国的度量衡不一样,所以秦国药铺的掌柜说药量不对。

【课堂表演剧本】(教师结合电视剧改编)

芈月:先生,你好。这里是庸氏药铺吗?

掌柜:是的,是的。我就是庸氏药铺的掌柜。

芈月:请问,您认识我这个药方上的字吗?

[掌柜皱着眉阅读]

掌柜:认识,认识的。

芈月:请您按这个药方抓药给我吧。

掌柜:好的。麻黄、桂枝、生姜……不对呀,你这药方是从哪里来的?

芈月:怎么了?

掌柜:这药方用量有差错!我不能给你抓这个药的。

芈月:我这药方是女医开的。她医术高明,不会有问题的。

掌柜:我的医术就不高明吗?我说药方用量不对就不对,你赶紧走吧。

芈月:我这是救命的药,你怎么可以这样?

掌柜:什么药不是救命的?你这药方用量有差错,你这是害人,你快走吧。

再找开方子的人问清楚。

活动二　上网查询,收集整理资料

教师提供"度量衡"相关书目和文章检索清单。

活动三　查询成语典故,完成任务学习单

学习单是根据问题链、结合任务一的活动进行设计的。

| 任务一学习单：查阅资料了解度量衡 |

班级：　　　　姓名：　　　　学号：

1. 同学们,你们听说过"度量衡"吗？请你查阅资料,想办法搞明白什么叫"度量衡"。

2. 首先,请写出已经学过的度量单位,再查一查古代的度量单位有哪些。

其次,弄明白古代这些单位,分别是用来度量什么的。

3. 中国的成语数不胜数,其中很多成语涉及了度量衡。请同学们查一查含有度量衡的成语,并完成下面的表格。

	含长度单位	含容积单位	含质量单位	含（　　）单位
成语				
成语的含义				
成语				
成语的含义				
……				

任务二　认识古代度量工具

活动一　初步认识衡器

教师出示古今中外衡器图片。

活动二　探究衡器的使用方法

任务二学习单：认识古代度量工具

班级：　　　　　姓名：　　　　　学号：

1. 你能给这5份神秘物品按照从轻到重的顺序排排序吗？选择你将用到的材料。（　　）

A. 什么实验材料都不用　　　B. 仅使用天平

C. 仅使用天平、花生　　　　D. 仅使用天平、小球

E. 天平、花生、小球都使用

记录下你的实验步骤和结论。

2. 如果我们知道这些物品有多重,这次你会选择用什么来称?(　　)

A. 什么实验材料都不用　　　　B. 仅使用天平

C. 仅使用天平、花生　　　　　D. 仅使用天平、小球

E. 天平、花生、小球都使用

备注:

本任务教学评价目标:掌握称量质量的方法并理解统一单位的必要性。

评价实施:在活动二"探究衡器的使用方法"中,结合活动一和活动二,使用智慧笔,让学生加以选择,即开展两次表现性评价,观察学生是否达到了上述目标。评价量规见表 1.2。

活动三　沟通古今之衡器

教师出示古今衡器图片进行对比。

任务三　借助成语典故应用度量单位

活动一　阅读绘本,成语分类

四月中旬,武松和李逵约好在晋阳比武,一较高下。
武松:李兄,今天就由我来会会你这粗壮大汉的武艺!
李逵:哈哈哈,我黑旋风一到,连官差都要退避三舍!
武松:你真是胆大如斗,连官差也不怕。现在你我约莫十步之遥。
本次比武规则:若能让对方在一盏茶时间打出十步之外,就算输!

第一章　基于课程标准的学科融合思路

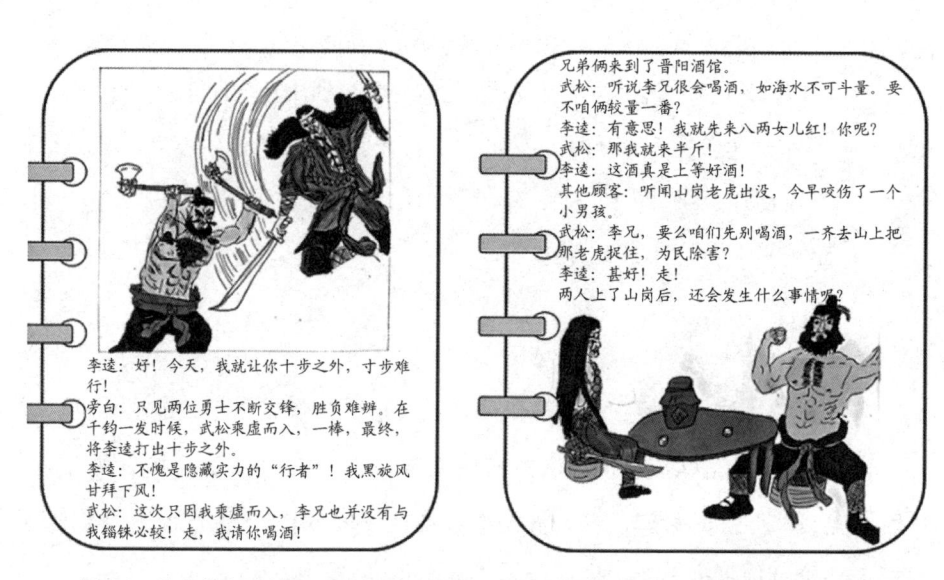

图1.2 绘本故事（插图由华东师范大学附属紫竹小学2021级4班张可意同学绘制）

活动二 单位换算，理解含有"衡"的成语

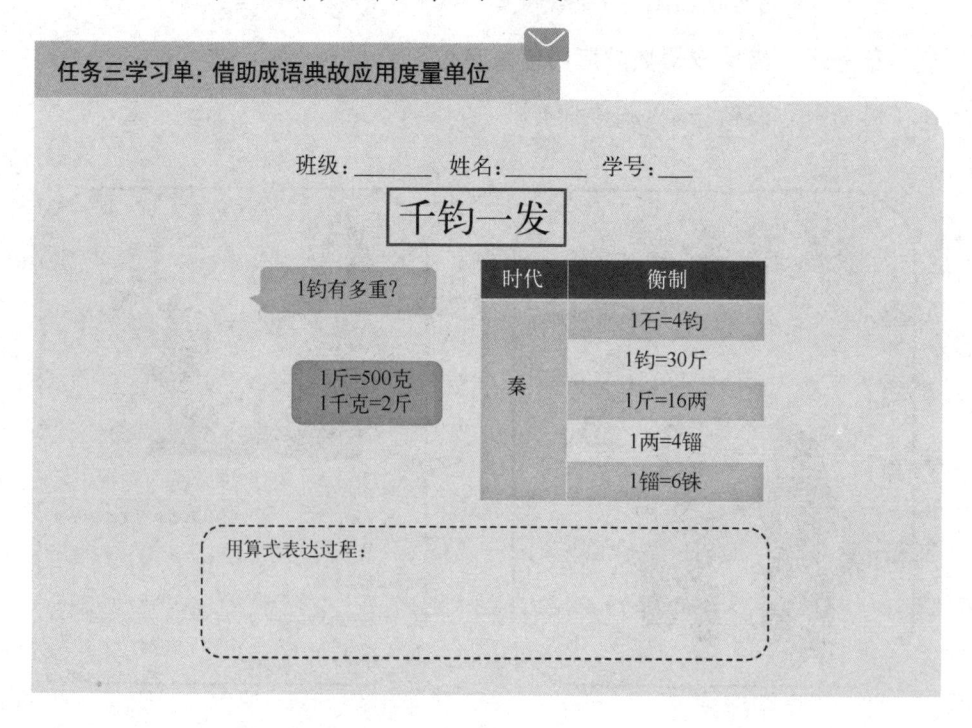

任务三学习单：借助成语典故应用度量单位

班级：_____ 姓名：_____ 学号：___

千钧一发

1钧有多重？

1斤=500克
1千克=2斤

时代	衡制
秦	1石=4钧
	1钧=30斤
	1斤=16两
	1两=4锱
	1锱=6铢

用算式表达过程：

18　跨学科课程的10个创意教学设计

锱铢必较

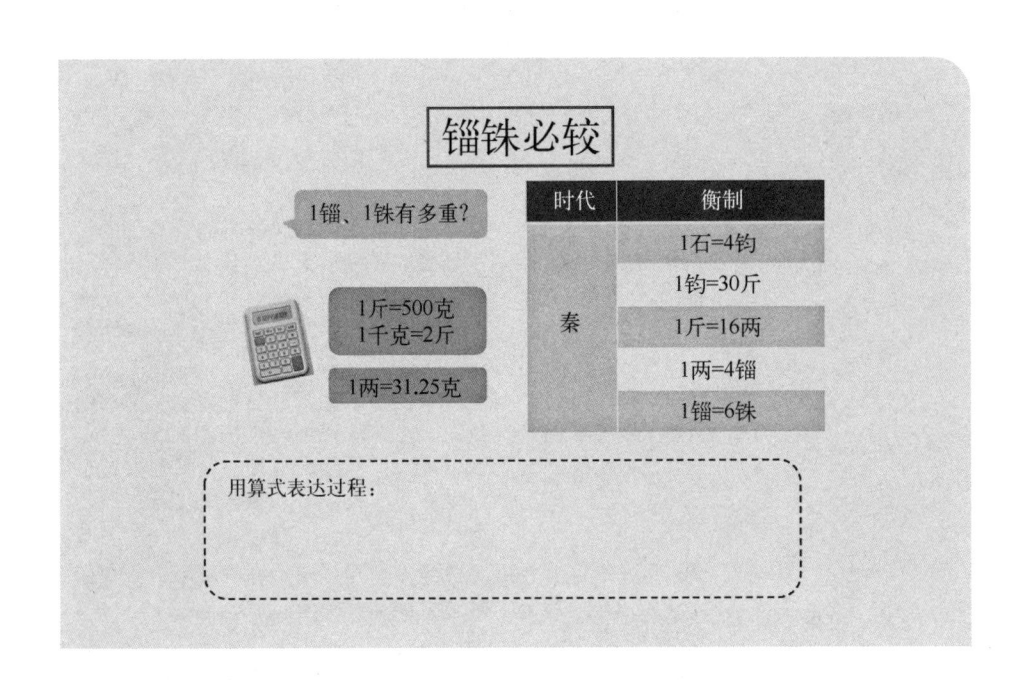

1锱、1铢有多重?

1斤=500克
1千克=2斤
1两=31.25克

时代	衡制
秦	1石=4钧
	1钧=30斤
	1斤=16两
	1两=4锱
	1锱=6铢

用算式表达过程:

活动三 细化单位,用衡器称量质量

教师提供杆秤、西红柿。

活动四 研究含有"度""量"的成语,制作小报

任务四 组织"度量衡的故事"墙报展

活动一 观看并点赞同学的作品

活动二 全班分享观看的收获

分享时要说清楚喜欢作品的理由,或者对作品的内容和表现形式提出相应的建议。

表1.2 自我评价表

评价内容 \ 得星数	☆☆☆	☆☆	☆
参与态度	能够积极主动参与活动,有探索新知的热情。	能够参与活动,但主动性不强。	有时参与活动,有时不参与。

续　表

评价内容＼得星数	☆☆☆	☆☆	☆
合作程度	小组合作中,能与小组成员友好配合、互帮互助,有一定的组织能力。	能够完成自己的活动任务,与同学交流少。	基本完成自己的活动任务,与同学没有交流。
能力表现	活动中思维活跃,有创意,遇到问题能够想办法解决。	在同学的提示和帮助下,比较顺利地解决自己遇到的问题。	愿意接受老师和同学的帮助和提示,虚心接受别人的意见完成任务。
活动成果	认真完成作品,在交流和展示环节得到较多同学的认可。	完成的作品在展示环节得到部分同学的认可。	在交流中较清楚地表达自己的想法,作品应该再多一些设计和创新。

回头看看,我的感想:

第三环节　跨学科教学设计难点分析

本跨学科教学设计在数学学科教学中融入语文、信息技术、美术学科,拓展通过数学史开展德育教学的学习载体。但是,在实际教研中,遇到如下几个具体的问题,本文对这些难点如何分析、如何加以改进进行说明。

难点一　如何系统梳理教材内容

本教学设计参考了《义务教育数学课程标准(2022版)》小学跨学科主题学习活动——"度量衡的故事"(即课标例57)。课标介绍该主题活动指出：知道中国在秦朝统一了度量衡，指导学生查阅资料，理解度量衡的意义，知道最初的度量方法都是借助日常用品，加深对量和计量单位的理解，丰富并发展量感。在教学中引导学生知道中国古代那些与量有关的概念的由来，培养家国情怀，积累学习经验。

但是，涉及度量衡的内容分散在小学数学教材的各个年级，以上海教材为例，散落于一年级上册《长度的认识》、二年级下册《质量(重量)的初步认识》、四年级上册《毫升与升的认识》、五年级《体积》。学生缺少系统、具体的跨学科学习材料。

难点二　如何创意开发情境学习材料，链接学习内容

针对本教学设计的教学目标，教师开展教研，创意开发情境学习材料，分别开发了教育戏剧、绘本，以引起学生的学习兴趣，为学习活动提供支架。

情境教学通过戏剧表演、情景创设等元素进行教学实践。李吉林的情境教学法涉及了：① 创设情境；② 带入情境；③ 运用情境；④ 凭借情境等。针对中国在秦朝统一度量衡的历史知识，教师结合大众喜闻乐见的电视剧《芈月传》中的一个故事"芈月抓药"进行教育戏剧剧本编写。本教学设计开发的"芈月抓药"教育戏剧就体现了"情境创设"，结合电视剧人物故事，把学生带到中国尚未统一度量衡的时期，带入情境。学生跟随着剧本主人公焦急地追问，思考

问题出在哪里,体现了教育戏剧、情境教学的初衷:知识学习需要回归情境,儿童学习需要详细的情境,学习的过程是一种创造,学习本身需要充满乐趣。当然,在剧本改编的过程中,设计本课的教师也注重调整剧本语言风格。比如电视剧版本的"芈月抓药"用了过多的文言文,教师对该片段的剧本进行了全面改写,使它更能贴近学生的认知水平。

此外,情境学习还能突出意义联结的特点,有助于将孤立的知识要素联结起来,引导学生将知识以整合的、情境化的方式存储于记忆中。这样不仅有利于学生进行有意义的知识建构,还有利于知识的提取、迁移和应用。本教学设计中的成语探究环节,在开发设计过程中教师发现:如果是单个成语出现,会显得突兀又乏味,且不容易理解。因此,运用学生熟悉的《水浒传》人物李逵和武松,创编了绘本《以武会友》,既给学生提供了分析的具体案例和素材,又帮助学生在语境中理解成语的寓意,以及成语中使用度量衡的作用,感受我国古人的智慧。

难点三　如何开展即时表现性评价

在本教学设计的任务二"认识古代度量工具"的活动二中,结合学习单,教师开展了两次表现性评价。

表现性评价(performance assessment)兴起于20世纪八九十年代,不同于传统纸笔测验类评价,表现性评价主要运用检核表、评分量表对学生的表现进行判断,这一类评价比较适合对学生的思考过程、技能、完成的产品进行评价。这些往往是纸笔测试无法检测的复杂表现和思维。评分标准可以设计多个评价要素,如活动参与情况、表现的内容、语言表达等,也可以设计评价水平级别及开展多主体评价,如自评、小组评价等。表现性评价形式多样,可以包括书面报告、作文、口头表达、角色扮演、演说、操作、实验、资料搜集、作品展示等。

在提倡基于核心素养的评价背景下,表现性评价成为非常重要的一种评价类型。

表现性评价量规一般由这些部分组成:任务描述(任务)、评价的维度(任务所涉及技能/知识的分解)、对每个表现水平构成要素的描述、某类评价标尺(成就水平,采用等级的形式)。本教学设计制定了如下任务描述:本任务教学评价目标:掌握称量质量的方法并理解统一单位的必要性。并设计评价量规(见表1.3)。

表1.3 任务二"认识古代度量工具"活动二的评价量规

水平层次	水 平 描 述	评价星数
水平1	知道需要以较小质量来称物体。	☆
水平2	理解需要用一种较小质量的物体来称重。	☆☆
水平3	理解需要用统一的单位来称量。	☆☆☆
水平4	能根据实际情况,选择合适的单位来称量。	☆☆☆☆

但是,这一表现性教学评价在真实课堂上实施,需要教师搜集全班学生(40人左右)的学习单进行统计、对比和分析,存在分析费时、统计滞后的问题,难以在课堂上给出即时反馈。

华东师范大学附属紫竹小学位于上海市闵行区。闵行区是我国首批"智慧教育示范区",数字化转型与智慧教育是闵行的教育名片,智慧笔(即点阵笔)已经在全区中小学实现全覆盖。通过智慧纸笔和"闵智作业平台",教师可以随时随地全方位记录学生的学习过程,采集作业数据。

智慧笔,又称点阵笔,主要利用红外识别技术、铺有点阵码的纸张及红外高速摄像头捕捉技术,采集笔迹数据,数据都是以点的X坐标与Y坐标组成的数据列表,通过蓝牙或者Wi-Fi将数据传输到App上,实现纸上书写的信息和屏幕同步。点阵笔和普通笔外壳相似,而在笔的内部则有一套集合红外线数码相机、储存器、微处理器等一体的设置(见图1.3)。点阵数码笔书写使用的纸张和普通纸一样,唯一的区别是该纸张上印有细小的图案,正是通过这些图案进行笔迹信息的位置定位、识别和记录,并传输到软件平台,完成书写笔迹信息的数字化。

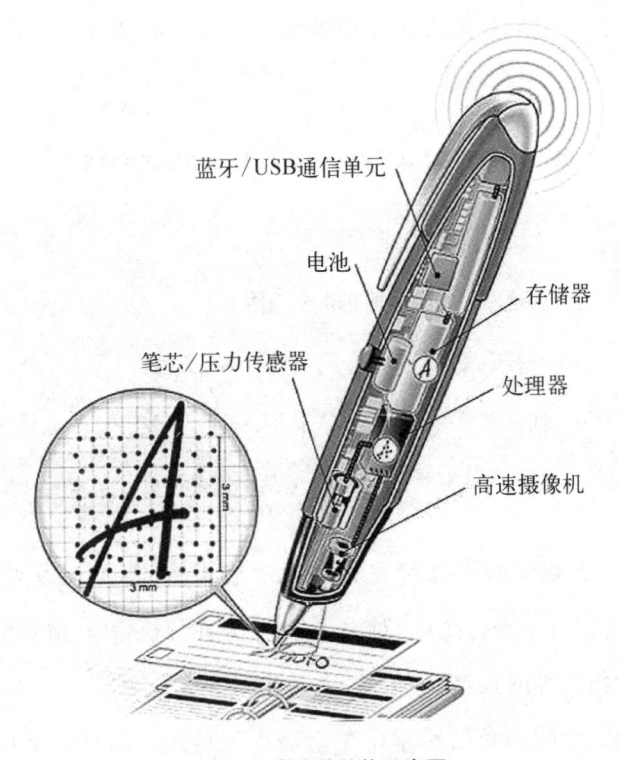

图1.3 点阵笔结构示意图

在此背景下,华东师范大学附属紫竹小学教师在跨学科教学设计中融入智慧笔开展数字化教学的评价。学生使用点阵笔在如图1.4所示的答题卡上作答(对称量实验所要用到的材料进行了选择,共计5个选项),教师可实时收到数据,形成统计图,一目了然,能从整体把握全班学生的量感水平,有针对性地选择典型资源展开教学。

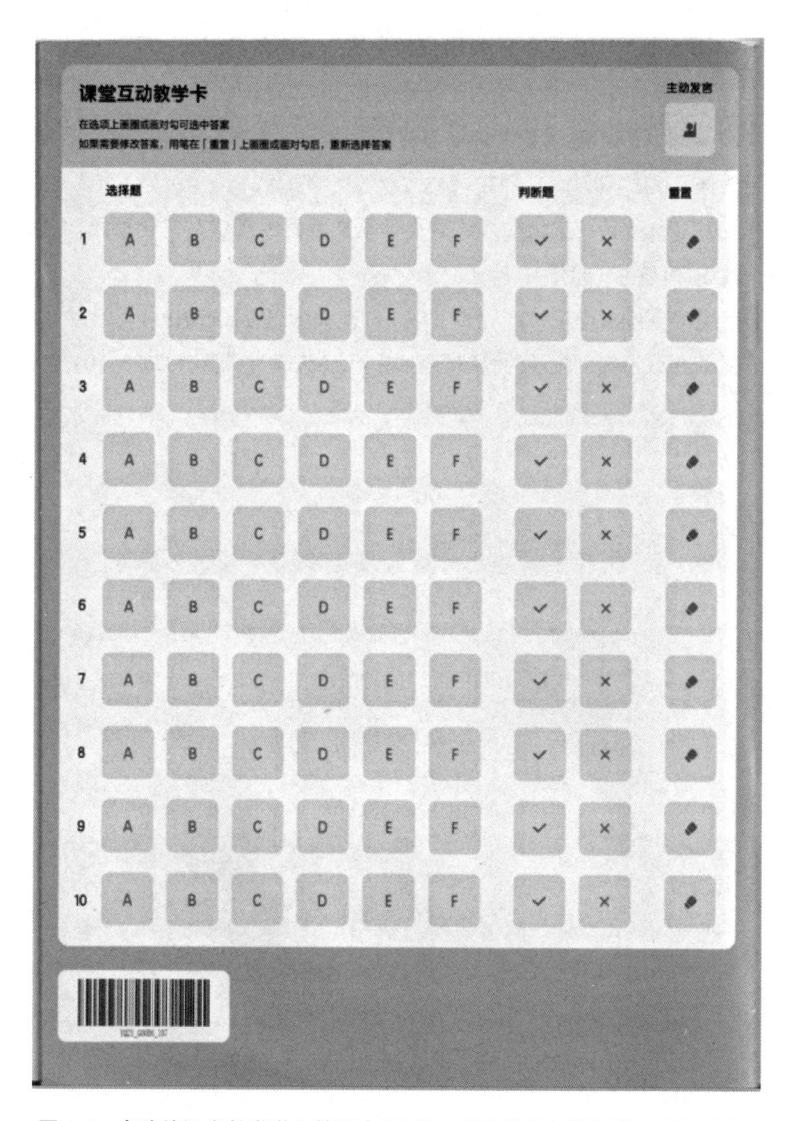

图1.4 点阵笔课堂教学学生答题卡界面（一般是学生智慧纸练习册的封底）

参考文献

［1］汪晓勤,邹佳晨.基于数学史的数学学科德育内涵课例分析［J］.数学通报,2020,59(3).
［2］孙伟.中国古代数学融入小学数学课堂的路径初探——以 HPM 视角下"圆的面积"的教学为例［J］.小学教学参考,2024(2).

［3］刘辉辉.HPM视角下的高中数学课堂教学实践：探究与创新［C］//中国陶行知研究会.2023年第七届生活教育学术论坛论文集,2023.

［4］王蕾,毛莉.儿童阅读素养框架体系建构研究——以统编小学语文教科书为例［J］.课程·教材·教法,2021,41(7).

［5］侯静雯.中华优秀传统文化融入统编小学语文教材的现状与优化途径［J］.课程·教材·教法,2023,43(4).

［6］叶王蓓.德育互动教学法［M］.上海：华东师范大学出版社,2019.

［7］叶王蓓.思想政治案例教学的组织与实施［J］.思想政治课教学,2023(10).

第二章 基于学科德育功能的学科融合思路

> **本章案例**
> "非遗"簪花——道德与法治学科融入美术、劳动、地理促"五育融合"

第一环节 设计思考

环节一 设计缘由

中共中央、国务院印发的《中国教育现代化2035》指明了2035年教育现代化发展的前景蓝图,明确提出要注重学生的全面发展,"大力发展素质教育,促进德育、智育、体育、美育和劳动教育有机融合"。教育部最新颁布的《义务教育课程方案(2022年版)》也提出要坚持全面发展,构建德智体美劳全面培养的课程体系,推动"五育融合"。从"四育并重"到"五育并举"再到"五育融合",我国的育人方式的进一步革新,成为新时代教育改革和发展的新趋势。"五育融合"是对"五育并举"的发展,它强调德育、智育、体育、美育和劳动教育五个方面的有机融合,关注各维度的统筹着力和相互贯通。"五育融合"是对新时代党和国家"如何培养人"的战略理解和具体落实,也是学生核心素养在实践中落地的路径策略。基于此,义务教育阶段教师需顺应教育改革大势,贯彻落实"五育融合"理念,革新课堂教学形态,通过跨学科融合的方式,为学生打造更加全面、真实的教育体验,促进学生全面发展。

《义务教育道德与法治课程标准(2022年版)》指出,道德与法治课具有"政治性、思想性和综合性、实践性",其课程性质体现出道德与法治课具有天然的跨学科融合的特点。

　　在课程目标上，道德与法治课注重培养政治认同、道德修养、法治观念、健全人格、责任意识；在内容选择上，以学生的真实生活为基础，突出中华民族传统美德、革命传统和法治教育，有机整合社会主义先进文化教育、革命文化教育、中华优秀传统文化教育、国家安全教育、生命安全与健康教育、劳动教育等相关主题。这与美术、劳动、地理等学科的教学目标有交叉。《义务教育艺术课程标准（2022年版）》提出要培养学生"创意实践"和"文化理解"素养，紧密联系现实生活，提高艺术创新和实际应用的能力，并重视推动学生形成正确的历史观、民族观、国家观、文化观，增强文化自信。这与道德与法治学科的"政治认同""责任意识"素养相契合。《义务教育劳动课程标准（2022年版）》明确指出要培养学生劳动素养，包括劳动观念、劳动能力、劳动精神等，能在劳动实践中提高智力和创造力，具备完成一定劳动任务所需要的设计能力、操作能力及团队合作能力。这与道德与法治学科的"道德修养""责任意识"素养相贴合，与劳动教育的课程内容相融通。《义务教育地理课程标准（2022年版）》提出要培育"综合思维""区域认知""地理实践力"等核心素养，增强热爱家乡的情感和国家认同感，系统、动态、辩证地看待问题，并通过社会调查等地理实践活动解决实际地理问题。这和道德与法治学科的"政治认同""责任意识"相关联。当然，体育学科中的"健康行为""体育品德"、历史学科中的"史料实证""家国情怀"、生物学科中的"生命观念""态度责任"等也都和道德与法治学科的课程目标有所交叉。

　　此外，在教学手段和方法上，道德与法治学科与其他学科可以相互融合、渗透、借鉴和补充。道德与法治学科重视以学生的真实生活为基础，构建综合性课程，提出要选取"具有真实性、典型性、可扩展性"的案例，积极探索议题式、体验式、项目式等多种教学方法，引导学生参与体验，促进感悟与建构。它鼓励学生在社会实践中扩展自己的视野，提升自己的能力，学以致用，知行合一。而艺术课标中提出在教学中教师要以任务、主题或项目的形式开展教学，要引导学生运用跨学科的方法,多角度、辩证地分析问题,紧密联系现实生活进行艺术创新和实际应用。劳动课标中指出要注重劳动项目与其他课程的紧密结合,引导学生综合运用多学科知识和多方面经验解决劳动中出现的问题。地理课标中也指出教学活动要强化基于真实体验的地理实践活动,要探索地理课程跨学科、综合性教育教学的改革发展新范式。

环节二 跨学科探索的优势

发挥"五育"功效,提教学质量。道德与法治课是落实立德树人根本任务的关键课程,是开展意识形态教育的主阵地。面对拥有多元化价值观和强烈自我意识的新时代青少年,传统单一性、灌输性的教学方法往往难以达到良好的教学效果,需要借助多方资源和跨学科知识统整支撑。冯建军指出,美育以其形象性和情感性改变了传统德育重灌输的方式,让德育潜移默化地发生。章乐指出,美育、智育、劳动教育等融入德育课程,能提升课程的实效性。在进行中华文化专题讲授时,将传统工艺之美融入课程,有助于学生在愉悦的氛围中感受传统文化,体会其中蕴含的文化底蕴、工匠精神和历史传承,加强文化感知、涵养文化认同、厚植文化自信。此外,美术、劳动、地理等学科的融入,突破了学科教学的局限性,让学生在生动鲜活的实践体验中,深入领悟传统文化的魅力,探索文化传承密码,发展学科核心知识、必备技能和关键能力。

推动知行合一,育时代新人。"闻之不若见之,见之不若知之,知之不若行之。"实践性是道德与法治学科的鲜明学科特性,它注重知行合一,强调学生不仅要从实践中来,更要到实践中去,在观察社会、解决实际问题的过程中培育和发展思政学科核心素养。思政学科综合性的课程性质,使其涉及的现实问题,往往靠单一的学科内容无法解决。通过跨学科整合有助于更好地解决学科问题,落实"责任意识"素养。例如,在"如何传承和弘扬中华文化"的目标导向下,引导学生探索"如何破解发展困境,让泉州簪花文化走向'长红'"这一现实问题。对该问题的分析,仅运用思政学科知识易让探究内容停留于空中楼阁,缺乏具体可行的建议。而地理学科的社会调查技能和区域认知思维、美术学科的艺术创新和实际应用能力,能推动教学目标的达成。此外,将美术、劳动等学科技能整合到道德与法治课程中,让学生从日常小事中传承和弘扬泉州簪花文化,有助于引导学生将所学知识内化于心、外化于行,培育有责任、敢担当、善作为的新时代少年。

第二环节　跨学科教学设计

环节一　教学设计概要

- 课名:"非遗"簪花
- 设计者:陈美如(福建省厦门第一中学)
- 课时:3课时
- 适用年级:初中三年级
- 跨学科教学目标设计依据:

表 2.1　设计依据

依据来源	具 体 解 析
《义务教育道德与法治课程标准(2022年版)》	能够初步了解中华优秀传统文化的主要代表性成果,热爱中华文化。初中学段的教学目标为:体会中华文化的源远流长与博大精深;理解中华优秀传统文化的核心思想理念、人文精神和传统美德,坚定文化自信。
《义务教育艺术课程标准(2022年版)》	感知、发现、体验和欣赏艺术美、自然美、生活美、社会美,提升审美感知能力。感受和理解我国深厚的文化底蕴,传承和弘扬中华优秀传统文化,坚定文化自信。发展创新思维,积极参与创作、表演、展示、制作等艺术实践活动,学会发现并解决问题,提升创意实践能力。

续 表

依据来源	具 体 解 析
《义务教育劳动课程标准(2022年版)》	采用一定的技术、工艺和方法,完成劳动任务,形成基本的动手能力;能综合运用多学科知识和多方面经验解决劳动中出现的问题,发展创造性劳动的能力,在劳动过程中学会自我管理、团队合作。
《义务教育地理课程标准(2022年版)》	能够增进热爱家乡、热爱祖国的情感。能够初步掌握社会调查等地理实践活动的基本方法;能够在校内、校外的真实环境下,运用所学知识和地理工具,通过地理实践活动,尝试解决实际地理问题,增强信息运用、实践操作等行动力;能够养成在实践活动中乐于合作、勇于克服困难等品质。

◆ 跨学科教学目标:

① 从美术、历史、文化视角分析泉州簪花文化的美,感悟中式美学的魅力,提炼中华文化的特点,增强对中华文化的热爱。

② 从文化、经济、社会等角度探索泉州簪花文化的价值,全方位理解中华文化的历史意义和现实价值,增强对中华文化的认同感,坚定文化自信。

③ 通过项目式学习,在调研探究、交流分享中掌握传承和弘扬中华文化的方法,增强在社会生活中的思政问题探究意识,并在为泉州簪花发展建言献策的过程中发展地理、美术等跨学科知识和技能。

④ 通过"非遗"传承人的故事讲述和工艺传授,学习领悟"非遗"传承人身上的勤于劳动、坚守初心等精神品质,增强劳动意识、提升劳动技能,自觉传承和弘扬中华优秀文化。

⑤ 通过课外拓展活动,增强艺术创作兴趣,积极投身文化传承实践,进一步增强传承中华文化的社会责任感。

◆ 教学材料选取及分析:

本专题选取统编道德与法治教材九年级上册第三单元第五课第一框《延续文化血脉》的内容,该部分内容围绕"中华文化"这一大概念展开,探究中华文化的特点、价值和传承路径。为带领学生深入感悟中华文化之美,增强对中华文化的热爱和认同,本课融入了美术学科相关知识,选取人教版美术教材九年级上册第五单元《中国民间美术》、八年级上册第一单元《美术的主要表现手段》的部分内容,在"非遗"文化的探索和中式美学的赏析中,坚定文化自信。本课既重视对中华文化的认同,也关注对中华文化的传承,因此,本课亦融入了劳动学科相关知识,引导学生增强劳动意识和责任担当,学习、传承和弘扬中华优秀传统技艺,做中华文化传播者。

◆ 教学前准备:

1. 准备教学设计

(1) 设计任务链

本专题立足于"中华文化"这一大概念展开设计,将思政课程和其他学科相融合,将思政小课堂与社会大课堂相结合,构建综合性、实践性课程。教学选用本土热点素材——泉州"非遗"簪花文化——为切入点展开设计探究,设计"家乡'非遗'小传人——泉州簪花"的教学总议题,并基于"是什么""为什么""怎么做"的思维脉络,构建了"赏·泉州簪花之美""悟·泉州簪花价值""寻·簪花长红密码""传·泉州簪花技艺""扬·泉州簪花之美"五个子议题,共三个课时,让学生在层层推进的情境中切身感受中式美学的魅力,总结概括中华文化的特点,领悟中华文化的价值,坚定文化自信,自觉做中华优秀传统文化的学习者、传承者和弘扬者。

根据对问题思考的推进,形成主议题和子议题的逻辑关系图(见图2.1)。

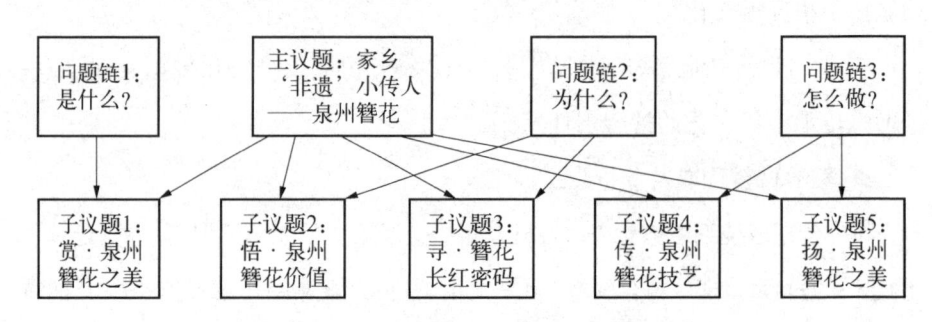

图2.1 主议题和子议题逻辑关系图

（2）形成教学设计流程图

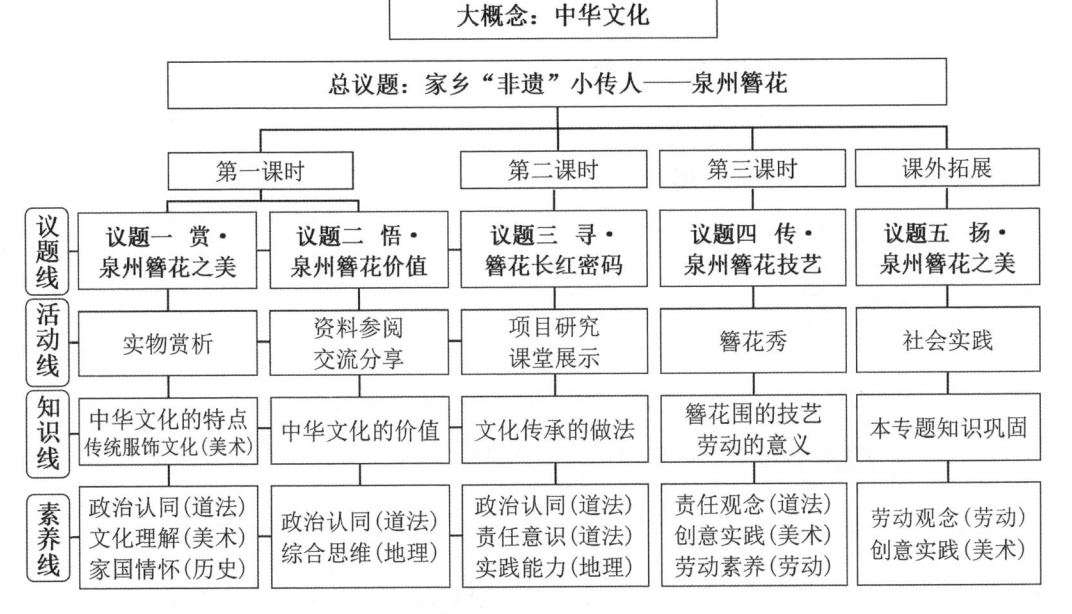

```
                        大概念：中华文化
                              │
              总议题：家乡"非遗"小传人——泉州簪花
                              │
    ┌─────────────┬─────────────┬─────────────┬─────────────┐
  第一课时        第二课时        第三课时        课外拓展
```

议题线	议题一 赏·泉州簪花之美	议题二 悟·泉州簪花价值	议题三 寻·簪花长红密码	议题四 传·泉州簪花技艺	议题五 扬·泉州簪花之美
活动线	实物赏析	资料参阅 交流分享	项目研究 课堂展示	簪花秀	社会实践
知识线	中华文化的特点 传统服饰文化（美术）	中华文化的价值	文化传承的做法	簪花围的技艺 劳动的意义	本专题知识巩固
素养线	政治认同（道法） 文化理解（美术） 家国情怀（历史）	政治认同（道法） 综合思维（地理）	政治认同（道法） 责任意识（道法） 实践能力（地理）	责任观念（道法） 创意实践（美术） 劳动素养（劳动）	劳动观念（劳动） 创意实践（美术）

图 2.2 "'非遗'簪花"教学设计流程图

2. 准备教学用具

① 准备簪花围、课件、学生学习任务单等。

② 搜集学生项目式研学成果。组织学生提前分好小组，包括"经济组""文化组"等，并设定组长，召集开会，布置任务，收集疑问，现场沟通答疑。定期跟进各小组的准备情况，及时提供帮助和指导，搜集汇总学生研学情况及成果。

③ 联系"非遗"传承人进课堂。

环节二 教学过程

◆ 总议题：家乡"非遗"小传人——泉州簪花

时政热点：2023年初，泉州簪花火爆出圈，席卷全网。簪花围是泉州蚵埔女习俗,2008年被列入第二批国家级非物质文化遗产名录。2024年4月,"泉州蟳埔:头上花园非遗体验"入选2024年中国"非遗"旅游体验创新十佳案例。

任务一　赏·泉州簪花之美

活动一　艺术之美

情境设计:簪花围进课堂。

实物展示各式簪花围,并展示班级部分同学穿戴簪花围的照片。

学习任务单1

欣赏簪花作品,运用美术知识,以小组为单位,从造型设计、编织工艺、选材用料等角度分析簪花里的中式美学,并填写以下清单。

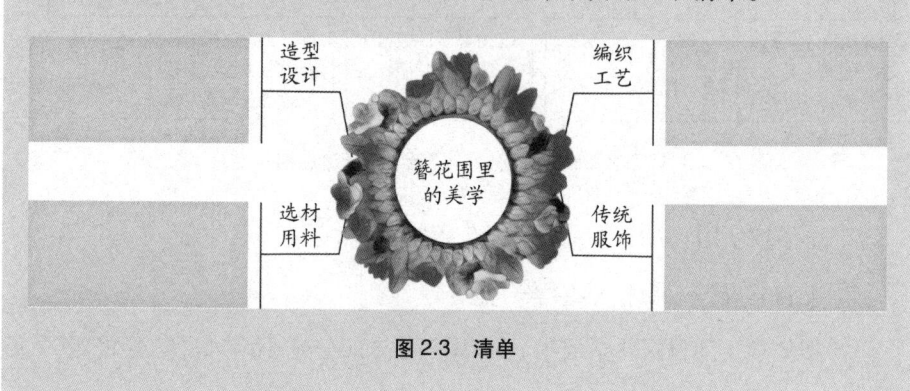

图2.3　清单

学习任务单2

请你结合以上探究,谈谈中式美学的魅力。

学习任务单 3

簪花围中有哪些中华文化元素?你还知道哪些中华文化?

活动二　历史之美

情境设计:播放《泉州"非遗"簪花围的千年历史》。

视频简介:簪花,兴起于秦汉,繁盛于宋、元、明三朝,至清朝遽然式微。宋代,是簪花发展的顶峰,簪花习俗在唐的基础之上进一步发展。进入现代社会后,簪花逐渐演变成一种时尚和艺术表现形式。在婚礼、演出、文化活动等场合,人们会选择佩戴簪花来增添魅力。

学习任务单 1

观看视频,梳理簪花文化的发展历程,完成时间轴(请在每段鱼骨图中间写历史时期,上方用关键词写该时期簪花文化的兴衰态势,下方用关键词写该时期的簪花文化的特点)。

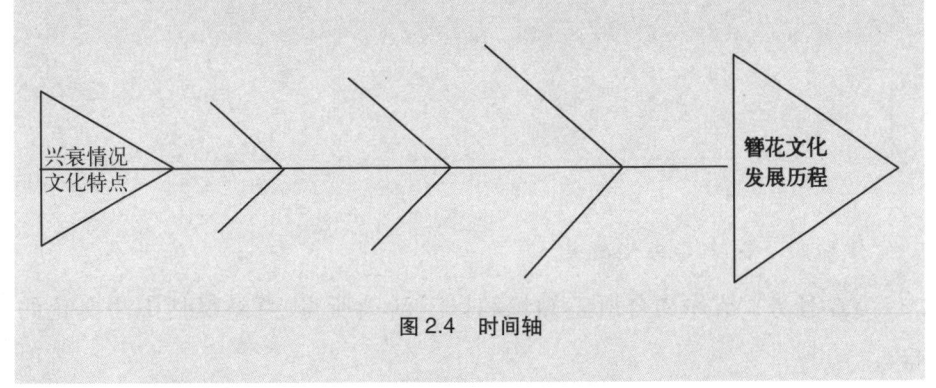

图 2.4　时间轴

第二章　基于学科德育功能的学科融合思路　　35

学习任务单 2

请结合时间轴的内容,分析我国簪花文化有何特点。

活动三　寓意之美

情境设计:学习资料卡《泉州簪花习俗的文化意蕴》。

资料卡内容节选:一念簪花,一世无忧。在泉州传统文化中,簪花被视为祈求幸福、健康和吉祥的象征物。头上簪花围,象征着勇敢、奔赴、热爱,是中国人对生活的热爱和对美的纯朴的向往;穿上大裾衫,是蟳埔女性坚韧、勤劳的精神象征,"再苦再累,只要头上有花,日子就不会太苦"。

学习任务单

结合资料卡,分析泉州簪花习俗背后有何精神寓意。

活动四　探中华文化之美

议学任务:请你结合所学知识和以上活动所得,总结概括中华文化的特点。

设计思路:"美能激智,美能发辞,美能怡情。"该子议题以"赏泉州簪花之美"作为课程的开篇,为学生创造了愉悦的学习氛围,与学生一同走进中式美学,领悟中华文化的魅力,也为后续议题的推进奠定良好的基础。在导入环节,泉州簪花进课堂,以实物导入,激发学生的学习兴趣,使其切身感受簪花之美。紧接着通过艺术之美、历史之美、寓意之美三个篇章,将美术、历史、地理等学科知识自然融入其中,让学生深入分析簪花文化的人文底蕴,对中式美学的喜爱从感性认知上升到认同,最后从簪花之美延展到中华文化之美,增强学生对中华文化的理解和喜爱。

任务二 悟·泉州簪花价值

议学情境:有同学认为,泉州簪花文化华而不实,在现代生活中没有实用价值,没有必要保护。

活动一 探索簪花文化的价值

学习任务单1

你认同这位同学的观点吗?为什么?请以小组为单位搜集资料,从文化、经济、社会、生态等角度展开分析,并在课堂上汇报展示小组合作成果。

学习任务单2

请认真聆听各小组的分享,整理完善表格。(组别:"文化组""经济组""社会组""生态组")

表 2.2　泉州簪花文化的价值

分析视角	搜集的资料	体现的价值
文化		
经济		
社会		
生态		

活动二　总结汇报

> 设计思路：中华文化的价值分析，在纵向时间维度上需要结合中华民族发展史实来理解，在横向维度上需要运用多学科知识，从文化、经济、社会、生态等视角展开分析，方能真正把握和领悟其宝贵的价值。因此，本环节坚持以生为本，引导学生展开探究，运用跨学科知识和技能展开分析，在查阅、分享、交流中全面把握中华文化的价值。

任务三　寻·簪花长红密码

项目式研学主题：泉州簪花如何从"爆红"走向"长红"？

研学情境：2023 年年初，有"福建三大渔女"之名的蟳埔女"爆红"网络，泉州蟳埔村迎来了文旅的"春天"。如何让泉州簪花从"流量"变"留量"，从"网红"变"长红"？

活动一　调查研究

任务学习单 1

请大家自愿选择代表团类别，通过资料查阅、问卷调查、实地访谈等方式，调查分析当前泉州簪花文化的发展优势与短板，并为泉州簪花走向"长红"出谋划策，完成以下调查表。（组别：村民代表团，企业代表团，政府代表团）

表2.3　泉州簪花文化发展调查表

研究主题	泉州簪花如何从"爆红"走向"长红"？
所属小组	□村民代表团　□企业代表团　□政府代表团
研究内容	
数据搜集方法	
小组成员和分工情况	
调查前的准备	

调研实施		
调查内容	数据搜集方法	数据整理和总结

活动二　总结评价

任务学习单2

请各小组搜集整理调查数据，在课堂上汇报展示。同时，填写学习任务评价量规，在组内进行自评和互评。

表2.4　项目式学习任务评价量规

任务内容：泉州簪花文化发展现状及建议　　　　　　学生姓名：

评价主体 \ 评价维度	合作维度		内容维度		展示维度	
	分工合理	观点交流	资料搜集	观点提出	条理清晰	讲解生动
自评						
生评						
师评						
总结						

备注：赋分标准：1星（差）——5星（优）

> 设计思路：从实践中来，到实践中去。中华文化传承和弘扬的路径，离不开学生深入社会、实践调研。惟其如此，方得真学真知。因此，本课开展项目式学习，引导学生通过实地调查，探究泉州簪花的优势和现存困境，为泉州簪花文化可持续发展建言献策，既为本土文化发展贡献青春之力，增强责任意识和社会担当，也在项目式学习中真切总结提炼出传承中华文化的方法。

通过项目式学习，学生能综合运用多学科知识，向政府、企业、村民等主体提出切实可行的建议，表2.5是部分学生学习成果的汇总和凝练。

表2.5　学习成果

现存问题	1. 基础设施比较陈旧，公厕、停车位紧缺。 2. 村容村貌不佳，路线导引不明，经常迷路。 3. 村民虽有热情，但在簪花、住宿上存在不专业、恶性竞争的问题。 4. 村中的文化解说还有提升空间，缺少除服饰租赁之外的消费点，游客缺少深度文化体验。 5. 自媒体宣传力度小，渠道少，市场信息闭塞。

续　表

建议	政府	1. 综合规划施建停车场、道路泊位，新建公厕。 2. 开展村容村貌专项整治行动，建立旅游导览图和公厕导向牌。 3. 对簪花、餐饮、住宿等业态进行专项整治和价格监管，避免宰客现象。 4. 构建专题性、开放性的博物馆，系统展现蟳埔的历史、蟳埔人的生产生活方式。 5. 发掘和联动蚵壳厝、妈祖巡香等蟳埔文化，打造蟳埔文化 IP。
	企业	1. 诚信经营，提高簪花等专业能力，创新性发展泉州簪花工艺，提供优质服务。 2. 提升文旅产品品质，制作高质量文创产品，满足游客多层次需求。 3. 创新文旅游玩形式，开展古路线探访、集章打卡等活动。
	村民	1. 增强村民意识，强调诚信经营，维护市场秩序。 2. 提高村民文化素养，村委会开展簪花文化历史和内涵宣传活动。 3. 开展泉州簪花文化节、妈祖巡香等活动，传承和弘扬簪花文化。

任务四　传·泉州簪花技艺

活动一　匠心有声

情境设计：邀请泉州簪花"非遗"传承人进课堂，讲述他们坚持传承传统簪花技艺的故事。

学习任务单

在前几年簪花文化发展的黯淡时期，他们为什么坚持传承泉州簪花技艺？你能看出他们身上具有什么样的精神品质？

活动二　传承有我

情境设计：泉州簪花"非遗"传承人教授簪花工艺。

> 设计意图：知是行之始，行是知之成。对中华文化的传承，在心更在行。本课通过邀请"非遗"传承人讲述传承心路历程，既巩固和呼应了前几课所学的知识，也让学生感受到"非遗"传承人身上爱岗敬业、勤劳坚毅等精神品质。此外，通过学习泉州簪花技艺，点燃学生传承中华优秀传统文化的火焰。

学习任务单1

跟着"非遗"传承人的指导，学习制作簪花。

学习任务单2

展示自己的簪花作品，分享自己的实践体验和收获。

任务五　扬·泉州簪花之美

泰戈尔曾言："古老的种子，它生命的胚芽蕴藏于内部，只是需要在新时代的土壤里播种。"簪花之美,美在其艺,更美在传承。为弘扬中华优秀传统文化,坚定文化自信,本月班会将结合艺术文化节的主题,开展"以青春之我,扬文化之美——中华文化节"系列活动。请你结合自身兴趣和特长,任选一个项目,参与到"中华文化节"的系列宣传活动中。

表2.6　活动列表

活动主题	以青春之我,扬文化之美
个性化项目 巧手绘 簪花文创	设计制作泉州簪花个性文创产品,助力簪花文化的创新性发展。 要求: ① 以小组为单位,结合自身的兴趣和特长进行设计。 ② 作品紧扣泉州簪花文化,进行文创产品设计。 ③ 注重产品功能和美观性。 ④ 尊重和保护自己和他人的知识产权。 注:作品将评选一、二、三等奖,获奖作品将于校艺术文化节期间,在教学楼一楼大厅展示。
实践性项目 巧嘴扬 簪花文化	开展"簪花秀进社区"专题文化展,弘扬泉州簪花文化。 要求: ① 穿戴、展示自己的簪花作品进社区,讲述弘扬泉州簪花文化。 ② 展示者语言规范,吐字清晰。 ③ 每人展示时长控制在2—5分钟。 注:本次簪花文化展活动,计入学期综合素质评价社会实践活动维度。
延申性项目 巧笔论 中式美学	撰写"政眼看中式美学"小论文,深入解读中华文化。 要求: ① 运用道德与法治学科知识,分析身边的中式美学,见解独到。 ② 格式规范,字迹工整。 ③ 字数为200字左右。 注:本次宣讲活动,计入学期综合素质评价社会实践活动维度。

▎设计意图:设置实践性、个性化、可选择性的作业,让学生可结合自身兴趣和特长参与"中华文化节"活动,寓教于乐,激发学生的学习兴趣,满足学生的学习需求,促进学生自主学习,培育学生的核心素养。

第三环节　跨学科教学设计难点分析

本跨学科教学设计在道德与法治学科教学中融入美术、劳动、地理等学科内容,以"中华文化"为专题展开教学,以文化人、以美润心、以劳树德,不仅充分发挥了"五育融合"养德育人之功效,推动学生思政核心素养的发展,同时也让学生在跨学科的实践体验中综合运用多学科知识和技能,实现各学科内容的联通和实际问题的解决,培养德智体美劳全面发展的新时代少年。在专题设计和教学实施的过程中,曾遇以下难点,并对其进行研讨和破解。

难点一　如何选择综合性主题,促成德育与多学科融合

德育课程的文化主题便于与多学科进行融合。《义务教育道德与法治课程标准(2022年版)》中华优秀传统文化教育主题的教学目标有:体会中华文化的源远流长与博大精深,弘扬民族精神,具有强烈的中华民族自豪感,坚定文化自信等。这一主题与人文学科如语文、历史,理科学科如数学、生物学、化学等,与艺术学科如美术、音乐、戏剧等都便于建立联系。

但中华文化博大精深、内容丰富,教师要如何从浩如烟海的素材中,选取一个切口,融合德育与多个学科?

本教学设计案例在了解近期热点、本土资源和学生兴趣的基础上,通过文化解读和对比筛选,选择了泉州簪花作为综合性教学主题。其主要有以下特点和优势。

其一,浓厚的历史文化底蕴,内涵丰富。泉州簪花文化是中华文化的重要组成部分,其起源于宋代,涉及民族服饰、风俗节日、簪花工艺等传统文化元素,内含丰富的文化资源。

其二，独特的艺术价值，美育渗透。美育作为一种重要的教育方式，具有温润心灵、陶冶情感的功能。泉州簪花具有外形美、精神美、文化美等特点，有利于在课堂上点燃学生对中华文化的喜爱，使其直观感受中华文化的魅力，在美的鉴赏和辨析中坚定文化自信。

其三，贴近学生生活。泉州簪花作为本土文化，具有鲜明的地域特色，学生从小耳濡目染，对其有情感上的亲切感和熟悉感。此外，在簪花围火爆"出圈"后，班级不少同学在节假日曾到当地戴簪花围体验国风旅拍，对泉州簪花文化充满喜爱。

其四，泉州簪花作为一项传统民间技艺，可以吸引学生学习簪花工艺，参与艺术创作，让学生在实践体验和创造中传承和弘扬中华文化。

难点二　如何搭建项目式学习支架，落实跨学科教学目标

为发挥学生的主体性，落实育人目标，提高教学成效，本课程设置了项目式学习任务，引导学生调查探究"泉州簪花如何从'爆红'走向'长红'"这一项目。九年级的学生具备良好的信息搜集能力，且能对搜集的信息进行较好的理解、整理和归纳，有良好的团队合作能力。但是大多数学生习惯于传统的学习方式，缺乏项目式学习实践和探究的体验和经验，面对项目式学习任务存在畏难、无从下手的情况。如何破解学生畏难心理，在坚持学生主体性的前提下，发挥教师的主导作用，为学生提供必要但不过多的指导，成为项目实施的难点。

学习支架是学生进行项目式探究的重要工具，可以帮助学生找到"最近发展区"，引导学生逐步完成任务、提升思维、达成学习目标。因此，本项目在启动前，对授课班级不同层次的学生进行访谈，充分了解其存在的困惑，并在项目推进的过程中跟进学生遇到的新问题和难点，基于此搭建和完善适切的、多样性的教学支架，为学生提供必要的指导和帮助。

在整个项目推进的过程中,结合张瑾提出的"STEM+教育中学习支架的类型",本课综合运用了情境型、策略型、资源型、交流型和评价型支架,为学生搭建起自主学习的梯子。

表2.7 学习支架梳理

项目阶段	学习支架类型	学 习 支 架	作 用
前期	情境型支架	图片和文字材料:《爆红=长红?观白鹿原民俗文化村的兴衰史,思泉州簪花文化的发展前路》	在项目启动阶段,增强学习内容的吸引力,激发学生开展项目探究的兴趣和社会责任感。
	资源型支架	《温州市历史文化街区保护与旅游开发研究以寺前街为例》节选	范例中包含社会调查中重要的探究步骤和典型成果形式。通过范例将思维过程结构化、具象化,帮助学生迁移应用。
中期	策略型支架	《泉州簪花文化发展调查表》	对富有挑战性的问题,以表格的形式为学生提供思路指导,帮助学生解决问题。
	资源型支架	《社会科学研究方法》节选 "泉州文化云"官网 蟳埔"非遗"传承人黄晨的联系方式	在学生遇到困难时,提供相关的学习资源帮助。
	交流型支架	腾讯会议、微信群	为学生提供项目式学习过程中的交流平台:观点碰撞,集思广益;难题求助,提供指导。
	评价型支架	《项目式学习任务评价量规》	在项目式学习过程中为学生提供自评和互评表,发挥评价的激励、引导和调控作用。
后期	评价型支架	《项目式学习任务评价量规》	在项目式学习成果展示环节为学生提供评价量规,多主体、多元化评价学生素养发展情况。

参考文献

[1] 冯建军.构建德智体美劳全面培养的教育体系：理据与策略[J].西北师大学报(社会科学版),2020,57(3).

[2] 章乐."五育融合"背景下义务教育阶段德育教材建构的策略与限度[J].课程·教材·教法,2022,42(9).

[3] 张瑾.STEM+教育中学习支架设计研究[J].现代教育技术,2017,27(10).

[4] 张维荣.温州市历史文化街区保护与旅游开发研究——以寺前街为例[D].广西师范大学,2022.

[5] 风笑天.社会科学研究方法[M].北京：中国人民大学出版社,2024.

第三章　基于问题的学科融合思路

本章案例
"虾"玩"虾"闹——复杂问题统领多学科融合提综合素养

第一环节　设计思考

环节一　设计缘由

　　一道美味可口的红烧大虾惹得杭州市和苑实验小学的"小荷花"们(学生昵称)口水直流,可面对香味诱人、营养丰富的大虾,学生却犯起了难:不是我不爱吃,而是想吃红烧大虾不容易。基于一年级学生在校就餐时必然遇到的这一吃虾难题,杭州市和苑实验小学以此为学习情景,以"虾"为主题,设计本次跨学科主题学习。

　　新课标新增"跨学科学习任务群",在其引领下,基于一年级新入学的学生正处在幼小衔接阶段,尚需适应包括独立进餐在内的各项生活常规这一学情,我校特开发精品食育课程——"小荷当家"。本次"跨学科主题学习"案例就以食育课程中的"虾"为主要载体,进行项目式研究,旨在通过强化学科间的联合,为学生提供在真实情境中综合运用知识解决问题的机会,让孩子们认识午餐中常见的食材——虾,了解虾的营养价值和多种食用方法,在有趣的探究过程中培养健康的饮食习惯,全面提升综合素养。

环节二　跨学科探索的优势

　　首先,本教学设计旨在解决一年级学生在校吃饭剥虾遇到的困难(见图3.1)。

围绕这一主题开展科学、美术、数学、语文、劳动、体育学科跨学科教学活动。本课程作为学校社团课开设,主要围绕这六个学科课程标准,分别在社团活动中提炼各学科的教学目标、教学方法(见图3.2)。

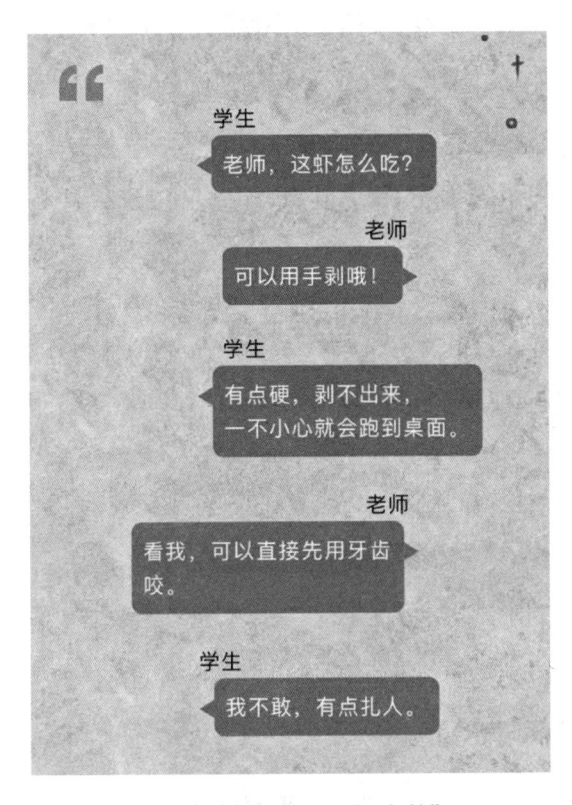

学生:老师,这虾怎么吃?
老师:可以用手剥哦!
学生:有点硬,剥不出来,一不小心就会跑到桌面。
老师:看我,可以直接先用牙齿咬。
学生:我不敢,有点扎人。

图 3.1 一年级学生的"小烦恼"

其次,跨学科探索有助于提升教学的综合性、实践性、探究性、开放性。

① 综合性:本次跨学科主题学习围绕"虾"这一主题,整合多学科知识、方法和技能,形成综合性学习内容。

② 实践性:强调在真实的情境中开展学习活动,让学生在用餐的实践过程中学习和应用与"虾"相关的各项知识与技能。本次主题学习以一年级学生在午间就餐时遇上的"小烦恼"——不会吃虾——为出发点,各学科教师精心

设计,展开以"'虾'玩'虾'闹"为主题的特色主题学习活动。

③ 探究性:如何做到正确食用虾?鼓励学生主动探究、发现问题、解决问题,培养批判性思维和创造性思维。

④ 开放性:本次跨学科主题学习活动分为"小荷'虾'趣""小荷'虾'画""小荷'虾'闹""小荷'虾'玩""小荷'虾'厨""小荷'虾'味"等多个课程。学生识虾说虾,选虾品虾,课上学虾,厨房烧虾,午餐吃虾,"虾"玩"虾"闹。允许学生根据自己的兴趣和经验进行拓展和创新。

第二环节　跨学科教学设计

环节一　教学设计概要

- 课名:"虾"玩"虾"闹
- 设计者:沈艳、羊海洋、虞孙芝(华附教育集团杭州市和苑实验小学)
- 课时:5课时
- 适用年级:小学一年级
- 跨学科教学目标设计依据:

表 3.1　设计依据

依据来源	具 体 解 析
《义务教育科学课程标准(2022年版)》	培养"探究实践"素养,培养科学探究能力:了解和探索自然、获得科学知识。其中,要求学生掌握基本的科学方法,具有初步的探究实践能力,掌握观察等基本的科学研究方法。
《义务教育艺术课程标准(2022年版)》	美术在第一学段第一个学习任务就是"欣赏身边的美",要求观赏周边自然环境中的动物等,感知其形状美、色彩美和肌理美,体会美存在于我们周围的环境之中。要求能运用线条、形状、色彩、肌理等造型元素。

续 表

依据来源	具 体 解 析
《义务教育数学课程标准(2022年版)》	第一学段,特别是刚入学的适应期,利用生活经验,通过具体形象、生动活泼的活动方式学习简单的数学内容。如认识20以内的数,会20以内数的加减法等。
《义务教育语文课程标准(2022年版)》	要增强课程实施的情境性和实践性,促进学习方式变革。课程实施从学生语文生活实际出发,创设丰富多样的学习情境,设计富有挑战性的学习任务,激发学生的好奇心、想象力、求知欲,促进学生自主、合作、探究学习。
《义务教育劳动课程标准(2022年版)》	"日常生活劳动任务群"在第一学段要求学生能参与简单的家庭烹饪劳动。
《义务教育体育与健康课程标准(2022年版)》	针对低年级小学生,注重基本运动技能学习,包括移动性技能、非移动性技能、操控性技能等。其中移动性技能包括走、跑、跳、躲避等多项活动,练习方法课标建议了"青蛙跳荷叶""动物爬行""老鹰捉小鸡"等游戏。

本课程基于相关学科课程目标,总结出图3.2所示的跨学科涉及的各学科教学目标。

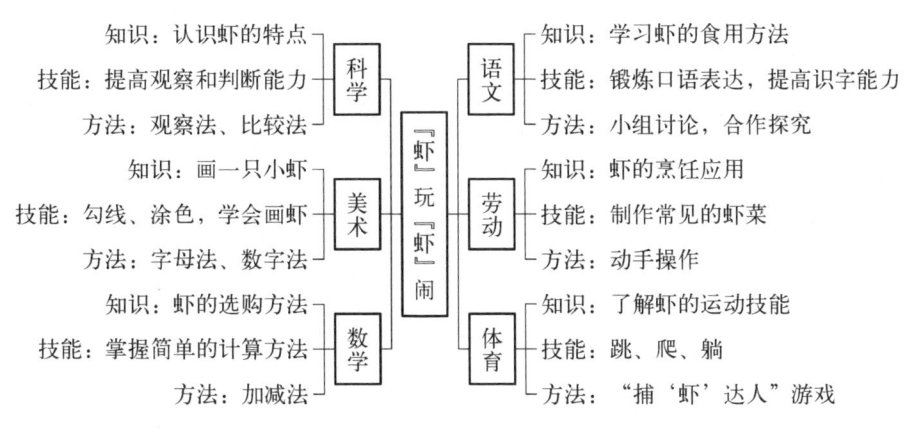

图3.2 "'虾'玩'虾'闹"跨学科涉及的各学科教学目标

◆ 跨学科教学目标:

① 通过观察、比较、分析和判断,了解虾的种类和特点。

② 识虾、观虾、画虾、评虾,学会使用字母法和数字法画虾。

③ 玩中学,在游戏中完成跳、爬、躺等多项肢体动作,提高运动技能。

④ 掌握虾的选购方法,学习常见虾菜的制作方法,学会剥虾、吃虾,提高动手操作和创新能力,进一步提升社会适应能力和团队协作能力。

⑤ 增强对虾类食材的兴趣和热爱,形成良好的饮食习惯,尊重食材,珍惜食材资源。

学习重点:虾的特点和营养知识;虾的选购方法;常见虾菜的制作方法。

学习难点:对虾类食材的选择和处理方法的理解和运用;对虾菜制作方法的掌握和创新能力。

环节二 教学过程

任务一 小荷"虾"趣

1. 任务概览

① 核心问题:认识虾,了解虾的名称由来、种类、烹饪应用、品质鉴别方法。

② 涉及学科:科学。

③ 预达成的学习目标:初步认识虾。知道对虾名称的由来。了解对虾总科的种类。

④ 评价维度:自主学习,通过对虾的知识性学习,提高对虾这一水生生物的认识。

2. 具体学习活动:初步认识虾

(1) 猜谜导入

初步认识虾。

(2) 学生活动

根据谜语提示猜一猜。观察图片,初步认识虾。

学生了解虾（明虾）科属、名称由来。能够根据图片认识中国沿海产的对虾品种。了解虾的烹饪应用，知道虾的肉质特点。观察图片，了解对虾的多种烹饪方法（蒸、炒、焖、炸等）、药膳、干制品。讨论不同做法的不同意义；交流自己最喜欢吃哪种做法的虾。

（3）教师活动（提供的支持）

课件出示谜语："小小哥儿水里游，胡须尖尖挂鼻钩。生时披件青马褂，熟了只见满身红。（打一动物）"展示谜底，导入本课主题。

教师介绍虾（明虾）的科属、名称由来。介绍对虾总科的种类有300多种，图片展示中国沿海产的对虾品种。介绍虾的烹饪，提供关于虾的美食图片，让学生了解不同的烹饪方法；介绍虾与其他药食和同源食材配伍，可制成药膳、干制品。通过资料补充，指导学生了解不同的烹饪方法对于营养的不同意义。

（4）创造学习环境

在教室进行学习活动，营造舒适有序的学习空间，设计个性化的环境布置，如张贴虾类装饰进行科普，便于学生进行沉浸式的学习体验。巧用多媒体设备，借助现代科技，在课件中呈现虾类图片，便于学生直观认识虾；展示虾类美食图片，提高学生的学习兴趣。

（5）设计意图

猜谜导入，引出本次跨学科学习的主题，激发学生的学习兴趣。虾作为常见的海鲜食材，在中国饮食文化中占有重要地位。通过学习虾的相关知识，学生可以了解虾的营养价值、烹饪方法及相关的饮食文化等，从而传承和弘扬中华美食文化。

3. 作业设计

未闻虾声，先见虾形，一只体型硕大的澳大利亚大青龙出现在课堂上，瞬间成了小朋友眼中的明星。"老师，泥塘里也有虾吗？""老师，全世界的虾有多少种呀？""小荷花"们开启了"十万个为什么"模式。观察着手中的明虾模型，从虾样到虾种，从身体结构到营养价值，古有庖丁解牛，今有"荷花解虾"，这小虾米藏着大学问呐。

图 3.3 "小荷'虾'趣"学习现场

任务二 小荷"虾"画

1. 任务概览

① 核心问题：识虾、观虾、画虾、评虾，了解虾的种类、结构，学会使用字母法和数字法画虾。

② 涉及学科：美术。

③ 预达成的学习目标：认识虾的结构。分析虾在艺术中的不同表现。学习数字法、字母法画虾，完成"盘上的小龙虾"画。

④ 评价维度：分享评选，邀请学生分享作品并请学生自评、互评及教师评。

2. 具体学习活动：画虾

（1）学生活动

认识虾的结构,分析虾在艺术中的不同表现。学习数字法、字母法画虾。观察虾的具体动作表现,完成"盘上的小龙虾"画。小组讨论、分享并评选。

(2)教师活动(提供的支持)

介绍虾的结构,描述不同虾的构造。指导学生分析虾的不同的艺术表现。示范字母 s 法和数字 3 画虾法,介绍"盘上的小龙虾"的艺术表现。邀请学生分享作品并请学生自评、互评,最后进行教师点评。

(3)创造学习环境

使用学校的美术功能教室,为学生提供专业的硬件设施支持,便于学生更好地进行创作。

(4)设计意图

通过观虾、画虾、评虾,激发学生的创新思维和创造力,培养他们的个性化和差异化发展。

3. 作业设计

在科学地了解了龙虾的身体结构和外形特征后,耳聪目明的"小荷花"们巧用数字 3 法和字母 S 法总结概括了龙虾的复杂结构,画出了可爱的龙虾简笔画。但我们"小荷花"可不会止步于此——在老师的启发下,孩子们发挥想象,用灵感和创意勾勒创作出美味的龙虾佳肴图。

图 3.4　学生画虾作业示例

任务三 小荷"虾"闹

1. 任务概览

① 核心问题：模仿"虾跳"，跳、爬、躺，进行"捕'虾'达人"游戏。

② 涉及学科：体育。

③ 预达成的学习目标：模仿"虾跳"。进行"捕'虾'达人"游戏，三人成"网"，群"虾"蹦跳。在游戏中完成跳、爬、躺等多项肢体动作。

④ 评价维度：自主学习：通过对虾的知识性学习，提高对虾这一水生生物的认识。在玩中学：积极参加集体游戏，合作完成"捕'虾'达人"游戏，"网"越大，"虾"越少。

2. 具体学习活动："捕'虾'达人"游戏

（1）学生活动

模仿"虾跳"。进行"捕'虾'达人"游戏，三人成"网"，群"虾"蹦跳。在游戏中完成跳、爬、躺等多项肢体动作。

（2）教师活动（提供的支持）

示范"虾跳"动作。组织"捕'虾'达人"游戏，指导学生完成跳、爬、躺等多项肢体动作。

（3）创造学习环境

在学校操场上进行游戏互动，方便施展技能。

（4）设计意图

课中运动，劳逸结合，在玩中学，既能锻炼身体，又能促进对虾的认识。

3. 作业设计

两手自然下垂，身体弯曲，腹部用力，双腿努力向后跳。"小荷花"们争先恐后地在操场上模仿"虾跳"。跳着，爬着，躺着，各有风格，乐趣多多。老师还组织大家进行"捕'虾'达人"游戏。起先三人成"网"，操场上是群"虾"蹦跳，随着"网"大了，"虾"也渐渐少了，欢快的笑声飘荡在校园的上空。

图 3.5 "捕'虾'达人"游戏现场

任务四 小荷"虾"玩

1. 任务概览

① 核心问题：使用加减法，学习虾的选购方法。

② 涉及学科：数学。

③ 预达成的学习目标：巩固加减法。小组合作，探究虾的选购方法。

④ 评价维度：探究学习，知道虾的选购方法，能够运用到实际的生活场景中，学会买虾。

2. 具体学习活动：脑力风暴

（1）学生活动

学习虾的选购方法。学习在生活中如何买虾，掌握简单的计算方法。

（2）教师活动（提供的支持）

提供购买鲜虾的任务情境，指导学生学会对比不同的虾的物价，选择最合适的购买方式。

（3）创造学习环境

在教室中进行脑力风暴，小组合作探究，讨论出最佳采购方案。

（4）设计意图

分组合作完成采购方案，既锻炼计算能力，又有助于培养团队协作精神，让学生学会在团队中发挥自己的优势并相互支持。

3. 作业设计

在"小荷花厨房"里,小朋友们将学习如何确定菜谱,选购食材,使用加减法,进行简单计算。从色泽、质地、触觉等方面判断虾的新鲜程度,只为选出最鲜美的大虾。

图3.6 买虾现场

任务五 小荷"虾"厨

1. 任务概览

① 核心问题:学习常见虾菜的制作方法。

② 涉及学科:劳动。

③ 预达成的学习目标:学习虾的品质鉴别方法。知道虾的烹饪应用。了解虾的干制品、药膳。

④ 评价维度:动手操作,学习常见虾菜的制作方法,体验虾菜的制作。

2. 具体学习活动:制作虾菜

(1) 学生活动

认识调料及其作用。讨论不同的烹饪方法如何选择不同的调料。确定一种烹饪方法,并为其选定调料。

（2）教师活动（提供的支持）

准备各种调料及相应的介绍（重点区分酱油的不同选择）。引导学生思考根据食材的不同，如何准备不同的调料（碎末、切段、切片等）。

（3）创造学习环境

借助学校餐厅，进行厨房实地探究，认识各种各样的调料，为制作美味做好准备。

（4）设计意图

在准备过程中，学生需要亲自进行搭配，感受美味的来之不易。这有助于培养学生珍惜食材的态度和感恩之心，让他们学会尊重劳动成果并珍惜食物资源。

3. 作业设计

在烹饪过程中，鼓励学生尝试不同的调料搭配和烹饪方法，如煎、炸、炒、焖等，以制作出各具特色的虾菜品。这有助于激发学生的创新思维和创造力，培养他们的个性化和差异化发展。

图 3.7 制作虾菜作业展示

第三章 基于问题的学科融合思路

任务六 小荷"虾"味

1. 任务概览

① 核心问题：学习吃虾的方法。

② 涉及学科：语文。

③ 预达成的学习目标：掌握剥虾方法，学会掐头剥壳去虾线，能够剥出一颗完整的虾仁。交流探讨虾头、虾线能不能吃，知道虾不能与哪些食物搭配食用。

④ 评价维度：交流互动，学生能够通过动手操作与探究学习的方式，掌握吃虾的常识与方法。

2. 具体学习活动：品尝美味

（1）学生活动

学习判断生虾是否洗净。了解虾的烹饪流程。交流烹饪过程的注意事项及处置建议。尝试烹饪，交流体会。发现虾下锅变红的秘密。学会如何判断虾是否已经熟透，如何把握美食的调味。尝试给烹饪好的虾进行创意摆盘；品尝美食；畅谈快乐。

（2）教师活动（提供的支持）

指导学生洗净生虾。指导交流烹饪注意事项，特别是防止烫伤等。通过不同的图片欣赏，指导创意摆盘。开展小结交流，指导剥虾吃虾的常识与方法，引导学生体验劳动的乐趣。

（3）创造学习环境

调动后厨力量，就洗虾、做虾对学生进行专业指导。师生共同在学校餐厅进行虾的创意摆盘，学生学习剥虾方法，享用美味。

（4）设计意图

学生需要亲自动手完成虾的清洗、烹饪等步骤。这一过程能够锻炼学生的动手能力，提高他们的手眼协调能力和精细操作水平。

3. 作业设计

虾肉好吃虾难剥,别担心,这可难不倒我们巧手会吃的"小荷花"。掐头剥壳去虾线,小手巧劲一抽拉。你瞧,一颗完整的虾仁就亮相啦! 不仅手把手教会剥虾,大家还围绕"虾头、虾线到底能不能吃?""虾不能搭配什么一起吃?"等问题展开探究,从识虾到剥虾,从口味到文化,全方位探究舌尖上的大虾!

第三环节　跨学科教学设计难点分析

本教学设计从"剥虾的烦恼"出发,杭州市和苑实验小学一年级的"小荷花"们在以"'虾'玩'虾'闹"为主题的特色食育课程项目化学习活动中,练就了剥虾的技能,解决了吃虾的烦恼,学习了虾知识,品尝了虾美食,"虾"趣横生,妙不可言。把对食物的尊重,对生活的热爱,对文化的传承,对美好的欣赏融汇于课程之中,根植于"小荷花"的心田。"食"入美味和健康,"育"出成长与美好! 回顾整个活动的过程,在满载收获之余,曾遇以下难点,并对其进行研讨和破解。

难点一　如何针对问题解决情况开展评价

跨学科主题学习的评价应以学生的核心素养和学科的共通素养为导向,根据课程开发的指导思想,结合学校理念和学情进行设计。评价目标应涵盖学生解决问题的能力、理解能力、沟通能力、团队协作能力、创新创造能力、表达能力和自我反思能力等多个方面。评价方式应多元化,包括观察记录、作品评价、同伴互评、自我反思等多种形式。这些评价方式有助于全面、客观地反映学生的学习情况,促进学生的学习和发展。本次跨学科主题学习的评价注重过程性评价并鼓励多方参与评价,便于全面、客观地反映学生的学习情况,促进学生的学习和发展。在每一教学环节中,分别设计自评和他评。具体操作如下。

表3.2 活动参与情况评价表(过程性评价)

参与情况(○未参与,√基本参与,☆积极参与)	自评	他评
小荷"虾"趣		
小荷"虾"画		
小荷"虾"闹		
小荷"虾"玩		
小荷"虾"厨		
小荷"虾"味		

表3.3 任务完成情况评价表(结果性评价)

完成情况(○未完成,√基本完成,☆圆满完成)	自评	他评	师评
1. 能够积极参与课堂,与老师、同学进行知识交流互动。			
2. 能够独立完成"盘上的小龙虾"画。			
3. 能够与同学合作游戏,积极参与"捕'虾'达人"游戏。			
4. 能够以小组为单位,讨论虾类食材的采购方法,形成一份合理的采购方案。			
5. 能够以小组为单位,在大人的帮助下,合作制作出一道虾类美食。			

综合以上评价,在本次跨学科主题学习活动中,表现优异的"小荷花"有机会获得和苑精美的校级荣誉证书,并与校长合影留念。

图 3.8 跨学科学习优胜"小荷花"与校长合影

在评价学生跨学科主题学习水平时，对每位学生进行个性化的评价，持续关注其学习发展的过程，不单纯以某一阶段的考核作为唯一评判标准。本次跨学科主题学习采用融通性评价，以期达到跨学科主题学习对学生灵活性、独特性的培养目标。

难点二　在全校范围开展跨学科教学设计会遇到哪些挑战，该如何应对

基于问题的跨学科融合模式和前两章提到的学科融合模式不同，常涉及更多的学科，因此，对教师、教研共同体、学校的跨学科教学能力提出更高的要求。会在以下几个方面遇到挑战。

课程规划与实施难度：跨学科主题学习需要学校进行系统的课程规划，协调不同学科的教学安排。学校应制定详细的实施方案，明确各学科在跨学科主题学习中的角色和职责。

师资胜任力不足：跨学科主题学习对教师提出了更高的要求。学校应加强对教师的培训和支持，提升其跨学科教学能力和素养。同时，鼓励教师之间的协同教学，共同为学生的跨学科学习提供支持。学校可建立跨学科教学团队：跨学科主题学习需要不同学科教师的协同合作。学校应建立跨学科教研组，加强教师之间的交流与合作，共同为学生的跨学科学习提供支持。

创设适宜跨学科教学的学习环境：跨学科主题学习需要创设适宜的学习环境，包括提供丰富的学习资源、建立开放的学习空间、营造积极的学习氛围等。这些措施有助于激发学生的学习兴趣和创造力。

评价方式的创新：跨学科主题学习需要创新评价方式，关注学生的学习过程、实践能力和综合素质。学校应建立多元化的评价体系，采用表现性评价、项目式评价等多种方式，全面评价学生的学习成果。

第二篇
跨学科教学问题链和任务链设计

在确定学科融合思路之后,教师一般会形成一个大致的跨学科教学主题。但是,这个时候的跨学科教学主题通常只是一个教学题目,还需要进一步细化教学活动:通过设计系列问题链和任务链,在真实情境中促使学生运用多学科的知识、技能、思想方法去完成任务,解决问题。

问题链和任务链可以视为跨学科教学活动的组织逻辑。围绕跨学科教学确定教学主题及相关的核心教学概念,一方面设置问题链,激发学生的探究兴趣;另一方面,给出统领性任务及子任务链,将系列任务置于具体情境之中,承载、落实教学活动于具体课时中。具体设计框架见图Ⅱ。

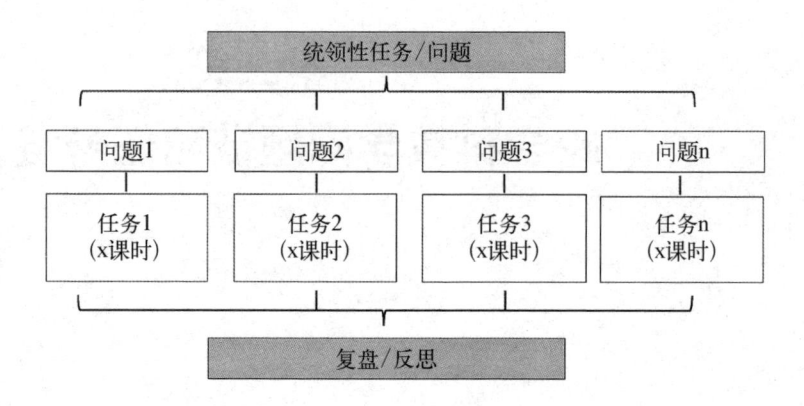

图Ⅱ 跨学科教学活动组织:问题链与任务链的设置

本篇围绕跨学科教学活动的问题链、任务链设计,呈现两个跨学科教学设计案例。本篇第一个案例"绿色生活 快递处理",涉及跨学科教学活动问题链、任务链设计的基本原则——真实性、综合性、实践性。第二个案例"校园安全提案生成记"经历了从初稿"校园安全漫画手册"到"校园安全提案"的演变,跨学科教学问题链、任务链也发生了较大的调整,聚焦设计改进,即教师如何调整问题链、任务链设计,从而使教学活动进一步贴近学情,强化学科融合,促成学科素养落实。

第四章　跨学科教学问题链、任务链设计原则

本章案例
绿色生活　快递处理——道德与法治学科融入科学、劳动塑环保意识

第一环节　设计思考

环节一　设计缘由

党的十八大以来，党中央坚持把生态文明建设作为关系中华民族永续发展的根本大计，更明确提出2030年"碳达峰"与2060年"碳中和"目标。习近平总书记在党的二十大报告中指出：中国式现代化是人与自然和谐共生的现代化。"绿水青山就是金山银山"的理念已经深入人心，创建可持续发展的新质生产力，保障人民群众的健康生活，绿色环保的理念必须在各行各业得到落实。

体现在道德与法治教材螺旋上升的设计体系中，是反复出现环保主题的单元，在道德与法治学科五四学制教材中，有二年级下册的《绿色小卫士》，四年级下册的《让生活多一些绿色》，五年级上册的《爱护地球 共同责任》。为更好地调动学生的学习兴趣，运用既有知识，切实将环保的意识和技能用于生活，解决实际问题，本跨学科主题学习活动选择从生活中习以为常的"快递"场景入手进行设计与实践。活动的开发旨在通过整合科学、劳动等学科的知识与技能，让学生在实践中深刻理解环保的重要性，同时体会环保与生活的息息相关，学会从道德修养、社会责任等层面思考和解决环境问题。活动将通过资料收

集、情境分析、实践操作、创意设计等形式,激发学生的创新思维和实践能力,不仅体现了跨学科问题链、任务链设计的真实性、综合性和实践性,更促进了学生全面发展、跨学科解决问题的能力,为培养新一代的环保意识奠定基础,为共同建设美丽中国贡献力量。

环节二　跨学科探索的优势

道德与法治教材中多次出现环保主题的单元,其中涉及纸、水、空气等的节约与污染防治,关乎白色污染、垃圾暴增、温室效应等多方面的不同案例。虽然在学科教学设计的过程中,一直秉持着创设真实情境,注重生活实践的理念。但是,模块化的环保议题仍然主要源于书本,常常出现落实到最后,课堂上的口号和生活中的习惯关联不紧密,甚至有部分学生为了完成学习任务不得不做一个"变废为宝"的小制作,反倒产生了新的垃圾。在落实教学目标与核心素养的道路上还不够稳扎稳打。

而跨学科学习活动的设计与实践,让议题有了更大的灵活性,选择从生活中常见却容易被忽视的真实情境入手,将模块化的环保议题整合到实际生活问题中去,让学生眼前一亮,熟悉的、人人几乎都经历过的生活场景更容易调动学生的参与度,拉近环保与生活的距离,打破书本与实践的隔阂。

同时,跨学科学习活动对学生的能力培养也能起到即时和长期的作用。一方面,真实的情境能够帮助学生切实提高解决实际问题的能力,在学习活动中所形成的理念和学到的技巧可以直接用于生活。另一方面,在参与活动的过程中,学生的高阶思维能力能一定程度地得到训练和培养。如在搜集信息的过程中,学生的观察、搜寻、分类、归纳、思辨、质疑能力都在潜移默化地生发,继而在发现问题、解决问题的过程中,调动各学科的知识去综合考量;复杂思维图谱的形成,以及合作探究、创新思维等能力也能够得到一定的训练。

综上,跨学科学习活动能充实教育教学活动,帮助落实教学目标,夯实学生的核心素养。

第二环节　跨学科教学设计

环节一　教学设计概要

- 课名:绿色生活 快递处理
- 设计者:严黎俊(华东师范大学附属小学)
- 课时:3课时
- 适用年级:四年级第二学期
- 跨学科教学目标设计依据:

表 4.1　设计依据

依据来源	具 体 解 析
《义务教育道德与法治课程标准(2022年版)》	"保护环境"属于道德与法治五大核心素养"道德修养"中的"社会公德"范畴;而"热爱自然、践行绿色生活方式"属于"责任意识"中的"担当精神"范畴。 在课程内容中,课标明确了在第二学段(3~4年级)要学习环境保护的基本常识,增强环境保护意识。可以进行实地调查,说明环境问题产生的原因及其危害;参与节水、节能、垃圾分类等活动,或者组织节水、节能、垃圾分类等宣传活动。在学业质量描述中,也明确了在第二学段学生要能够理解"绿水青山就是金山银山"的道理,自觉保护自然环境。
《义务教育科学课程标准(2022年版))》	在科学学科的四大核心素养中,"态度责任"包含了"热爱自然,具有节约资源、保护环境、推动生态文明建设和可持续发展的责任感"。3~4年级的学段目标中列有"了解科学技术对人类生活方式和生产方式有影响,人类的生活和生产可能对环境造成破坏,知道节约资源和保护环境的重要性"。

续 表

依据来源	具 体 解 析
《义务教育劳动课程标准（2022年版）》	课标指出要"加强与学生生活和社会实际的联系"，"注重培养学生社会责任感，选择学生力所能及的公益劳动和现代服务业劳动内容"。四大核心素养之一的"劳动精神"中提出，要能够"继承中华民族勤俭节约"的优良传统。从而实现目标"能综合运用多科知识和多方面经验解决劳动中出现的问题，发展创造性劳动的能力"。第二学段中也要求学生能够"主动分担家务，协助参与家庭环境卫生清洁"，参加"垃圾分类处理"。本次跨学科主题的确立切合了劳动课程的需要，并逐步将学生劳动的场域从家庭向社会层面推进。

◆ 跨学科教学目标：

① 通过调查、统计、分析生活中的快递数量及其产生的包装垃圾，认识过度包装对环境的负面影响，如垃圾暴增、白色污染、温室效应、土地污染和水污染等。

② 思考如何在日常生活中减少和重复利用快递包装，并尝试设计体现环保理念的快递包装方式，提高环保意识和环保实践能力。

③ 提升道德责任感与社会参与度，过低碳生活，努力成为环保事业的积极参与者。

◆ 教学材料选取及分析：

道德与法治学科：四年级下册第五单元《让生活多一些绿色》，引导学生从环境问题入手，关注垃圾的处理与利用，倡导学生过低碳、绿色的生活。整个单元分为3课，共6课时，《我们所了解的环境污染》从"白色污染"入手，侧重引导学生认识、体会环境污染的现状及其危害；《变废为宝有妙招》从"垃圾暴增"入手，侧重引导学生认识垃圾分类、回收、循环再利用的意义，并学会节约资源；《低碳生活每一天》则从"温室效应"入手，侧重引导学生反思自己的生活，减少碳排放，学会过绿色生活，并积极参与环保活动。

科学学科：现行科学学科教材中均设有关于垃圾处理的单元。以本校选用的远东版《自然》教材为例，四年级下册第一单元就是《废弃物无处不在》，刚好与道德与法治双线并行。该单元,从垃圾的产生、处理、回收和利用等方面从科学角度揭示了垃圾污染对环境的破坏性,以及相应的环保措施。同时,与快递包装相关的科学知识,如力学、材料学等也分布在不同的主题单元,如三年级上册的《随处可见的材料》,四年级下册的《自然界里的力》等,为综合运用跨学科知识提供了条件。

劳动学科:目前劳动学科并未出台统一的教材。根据课程标准,各区各校制定了一定的校本课程。在本校制定《学生劳动手册》的过程中,二年级上学期就设置了"垃圾的清洁与分类"的学习主题,学生不仅要学习有关垃圾分类的常识,制作"变废为宝"的作品,更提倡作为绿色使者,参与到社区宣传和公益劳动中去。

◆ 整体教学思路:

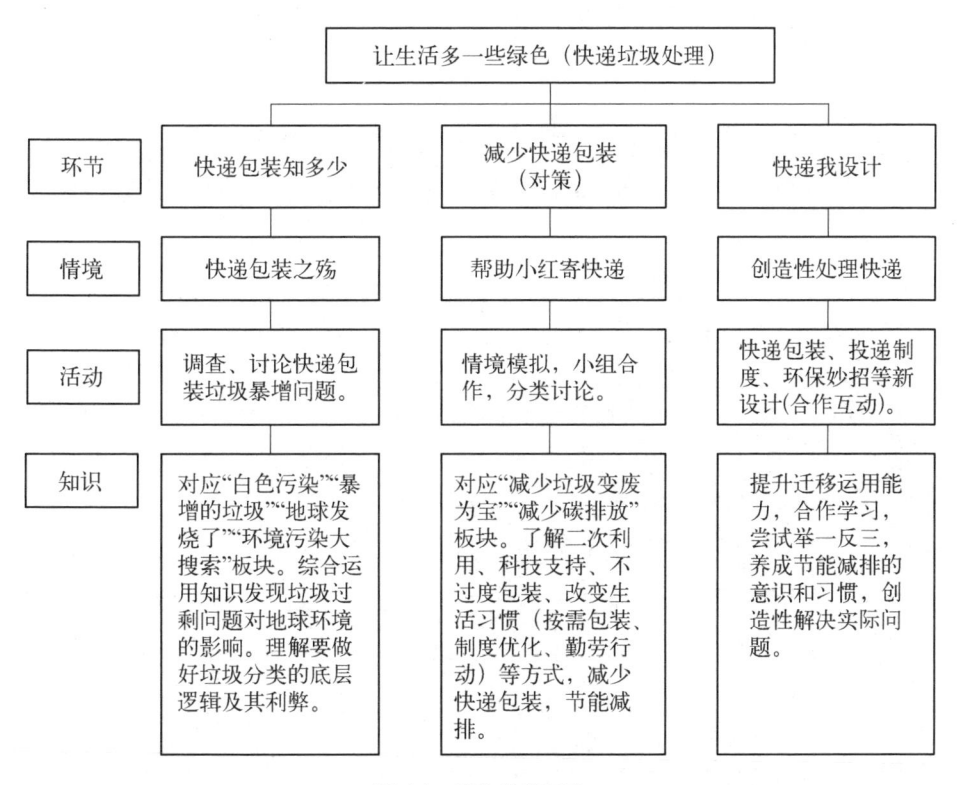

```
                    让生活多一些绿色(快递垃圾处理)
        ┌──────────────────────┼──────────────────────┐
环节   快递包装知多少         减少快递包装             快递我设计
                                (对策)
情境   快递包装之殇           帮助小红寄快递           创造性处理快递
活动   调查、讨论快递包       情境模拟,小组合         快递包装、投递制
       装垃圾暴增问题。       作,分类讨论。           度、环保妙招等新
                                                        设计(合作互动)。
知识   对应"白色污染""暴     对应"减少垃圾变废       提升迁移运用能
       增的垃圾""地球发       为宝""减少碳排放"       力,合作学习,
       烧了""环境污染大       板块。了解二次利         尝试举一反三,
       搜索"板块。综合运       用、科技支持、不         养成节能减排的
       用知识发现垃圾过       过度包装、改变生         意识和习惯,创
       剩问题对地球环境       活习惯(按需包装、       造性解决实际问
       的影响。理解要做       制度优化、勤劳行         题。
       好垃圾分类的底层       动)等方式,减少
       逻辑及其利弊。         快递包装,节能减
                                排。
```

图 4.1 整体教学思路

第四章 跨学科教学问题链、任务链设计原则 71

环节二 教学过程

任务一 快递包装知多少

对应子问题：暴增的快递垃圾会对我们的生活环境带来怎样的危害？

课前调查：从真实生活中发现真实问题。

附小的绿色生活——快递处理

班级：　　　　姓名：　　　　学号：

课前调查：

请以一周时间为单位，仔细观察自己家收发快递的情况，并真实做好记录。

1. 本周，我家收到各类快递约_____件，发出快递_____件。

2. 在拆快递的过程中，有哪些类型的快递或商品的包装？我家是如何处理的？

序号	包装类型	处理方式
1	硬板纸	
2	塑料袋	
3		
4		
5		
6		

活动一　基于生活实事，引发相关思考

（1）汇总课前调查的数据

出示数据：共回收____份问卷，家庭一周共收发快递 2~80 件不等，平均每个同学的家庭每周收发快递____件。其中大多数同学提及了塑料填充物及纸质包装。

（2）层层递进梳理，发现快递垃圾的问题，培养问题意识

① 学生大多居住在周边小区，以一个小区近 2 000 户居民计算，一个小区每周会收发多少快递？

② 补充材料：上海有数以万计这样的小区，根据上海市邮政管理局的统计结果，2023 年快递业务量已达到 37 亿件。面对这个数字你有什么感想？

③ 快递在给我们提供方便的同时，又会产生多少快递垃圾呢？让我们放眼全国，这个数据又会是怎样的呢？

④ 北京和上海类似，平均每天要产生 2.4 万吨的生活垃圾，平均两个星期就可以堆成一座金茂大厦。而全国人民寄快递每天产生的垃圾就是它的 2 倍还多。看了这些数据，你有什么想法或疑问吗？

活动二　快递包装与环境污染

（1）过渡

有很多同学在担心，那么多垃圾会给环境造成负担。其实，光是寄快递，就会产生如此之多的包装垃圾；居民生活也会产生垃圾；此外，商业往来、企业经营、城市建设、工业生产等也会产生垃圾。垃圾源于我们每一天的生产与生活，加在一起就更多了。

（2）今昔比较，发现垃圾的数量和种类的变化

① 垃圾问题不仅仅是数量的暴增。来看看爷爷奶奶小时候的垃圾，对比我们现在的生活垃圾，你有什么发现？

比较：过去爷爷奶奶小时候的生活垃圾 VS 现在的生活垃圾。

② 垃圾的暴增,不仅仅是数量变大了,而且也种类增多了,还在不断地发生变化。就像过去根本没有那么多快递包装垃圾。这一切,都使得垃圾问题变成一个越来越难处理的问题。

(3) 完成课堂记录单

这么多的垃圾,如果没有及时得到妥善处理会产生怎样的后果呢？请结合道德与法治教材中的阅读角,以及学过的相关知识,完成课堂记录单的左栏。

课堂记录单

班级：　　　　姓名：　　　　学号：

垃圾的危害	
讨论前我的想法	讨论后的补充或改变

(4) 总结

学生综合运用知识,总结垃圾的危害。根据学生交流随机梳理并补充。鼓励学生在听同学交流的过程中,可以在右半边做适当的补充或修改,记录自己的收获或想法的改变。教师总结梳理思维导图。

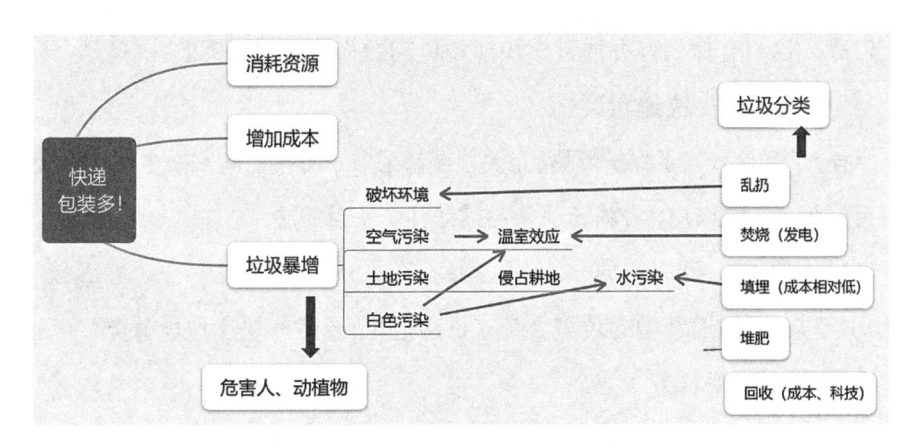

图 4.2　第一课时思维导图整理

活动三　应对垃圾污染的相关法律法规

① 垃圾污染有那么多危害,最终都会给人类的生活环境带来破坏。所以环保问题是全世界共同的话题,很多国家和地区都颁布过相关法律法规,开展过相关措施来控制垃圾的产生,促进垃圾分类的落实。

② 关于各种方面的污染,上海颁布了许多条例来整治相关污染问题的产生。

知道相应法规、条例。如:《上海市环境保护条例》《上海市生活垃圾管理条例》《上海市大气污染防治条例》《上海市饮用水水源保护条例》《上海市扬尘污染防治管理办法》……

③ 关于整治包装垃圾,我国在 2007 年出台了《关于限制生产销售使用塑料购物袋的通知》,2024 年 9 月上海正式开始实行《快递包装循环共用指南》等。

活动四　质疑与过渡

① 为了更好地处理暴增的垃圾,2019 年上海就推出并实施了《上海市生活垃圾管理条例》。如今,垃圾分类已经成为了一种生活习惯。在课前调查中,很多同学也已经提及了,会有意识地将快递包装送到垃圾回收的地方。但有没有同学想过,单靠垃圾分类,能不能有效减少快递垃圾呢?

② 既然快递投递的过程中会产生那么多垃圾,会对环境造成如此之大的

危害,那么我们有什么好办法针对快递垃圾问题来改变现状呢?

任务二　减少快递包装

对应子问题:为了保护环境,相关领域都采取了哪些措施来减少快递垃圾?

活动一　回顾引入,揭示主要任务,引发头脑风暴

(1)回顾第一课时内容

引起共鸣,知道暴增的垃圾会带来许多危害,要做好快递垃圾分类。

(2)揭示主要任务

在课前调查中,发现已经有同学具备很好的环保意识,知道对快递包装的纸箱要进行二次利用和分类回收。那么,还有其他什么方法能减少快递包装垃圾的大量产生呢?

(3)引发头脑风暴

请同学们畅所欲言,先提出自己的看法。并随机追问质疑:

怎样定义过度包装?可否不包装、少包装呢?

怎样让包装材料更加环保?环保包装能不能得到充分使用?

怎样提升回收利用率?……

活动二　企业层面,了解相关举措

教师引导:同学们说的,很多专业的快递企业早就在思考了,让我们先来看看他们的做法。

补充相关视频资料:绿色快递企业。

拓宽信息渠道:从顺丰快递的做法上吸收经验,浏览企业主页上寰宇环保的板块。

可以发现:环保已经成为了人类未来发展的必然趋势和企业发展的落脚点。

活动三　个人层面,如何减少快递包装

(1)情境引入

教师引导:为了深入研究,让我们跟着小红同学一起去看看怎么来寄快递吧。

（2）创设情境

小红家里要寄如下物品，请问可以怎样包装？能不能尽量减少包装？

① 情境1：住在农村的舅舅想给小红家寄鸡蛋。

补充相关资料，出示各类图片"鸡蛋的巧妙包装设计"；视频"快递包装技术革新"。

调动学生的科学知识，引发讨论。

随机小结：易碎物品必须包装，但可采用可降解的包材，如回收纸浆、稻草制作的蛋托，利用力学原理设计包装，减少包材。

为攻克技术难关，我国针对快递包装技术还专门成立了研究室，已经取得了许多成果，也面临着很多新问题。环保的技术推进还可以不断进步，有待在座各位开创未来。

② 情境2：月饼/粽子（送礼）。小红一家住在上海普陀区，端午节奶奶包了很多粽子，想要给亲朋好友寄一些。姑姑一家住在昆山；曾经帮助过奶奶的老邻居已经定居青海；妈妈的好朋友住在长宁区。请问要怎么包装，怎么寄？

分情况讨论：根据距离远近和运输时间来选择包装和递送方式。

◇ 姑姑：简单包装。

◇ 老邻居：防止变质，抽真空，比放冰袋环保。适当加固。

◇ 妈妈的朋友：不寄快递，顺路送过去。

现场操作：提供纸箱、缓冲塑料、旧报纸、塑料袋、绳子、封箱胶带等。

随机小结：环保的措施需根据生活中的具体情况来具体分析。勤快一些，多加思考，也许就能减少快递垃圾的产生。

（3）补充相关制度模式介绍

如拼多多上就有一种快递方式，可选择自提点，学校旁的小区里就有一处，商品会送到相应自提点，不再采用纸箱等多层包装，统一送到，由自提点负责人分类分拣，看管提货。为了环保，我们确实可以"勤快"一点。

我们也可以改变一些生活习惯。如果买一点点小东西,比如只需要一支铅笔,你会如何解决问题?可以就近顺路买一下,减少网购产生的外包装。

根据学生讨论,适时总结思维导图:

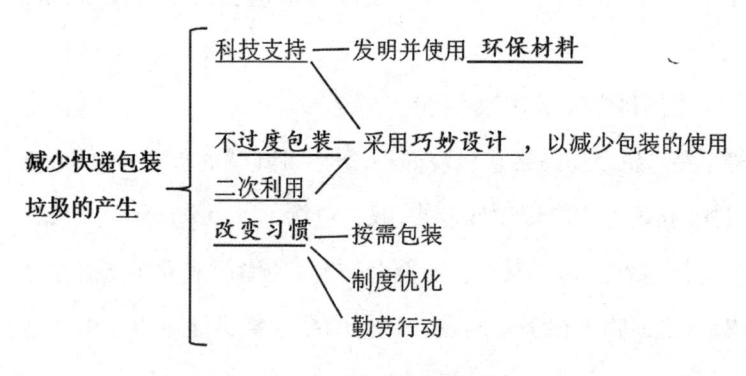

```
                    ┌─ 科技支持 ── 发明并使用 环保材料
                    │
                    │  不过度包装 ── 采用巧妙设计 ,以减少包装的使用
减少快递包装      ─┤
垃圾的产生          │  二次利用
                    │  改变习惯 ── 按需包装
                    │              制度优化
                    └              勤劳行动
```

图 4.3　第二课时思维导图整理

活动四　拓展与思考

我们了解了快递企业为环保做出的措施,也探讨了我们每个人为减少快递包装可以实行的策略。下节课,我们就要行动起来,检验一下到底收获了多少。可以回家继续搜集相关资料,思考我们要如何处理家中的快递垃圾;思考对现有的快递寄送的各个环节,有没有创新的想法来帮助我们的生活更加绿色环保。

任务三　快递我设计

对应子问题:我要如何处理和减少家中的快递垃圾,或如何设计未来的绿色快递?

活动一　复习巩固,做好铺垫

我们一起探究了快递包装垃圾增多给人类和环境带来的危害。上一节课,我们从多个角度研究了减少快递包装垃圾产生的各种对策。你还记得有哪些对策吗?填一填,说一说。

活动二　综合运用,合作完成任务

① 让我们行动起来,检验一下是否能运用所学到的本领,让生活多一些绿色。

② 出示任务:

目标:减少快递包装垃圾。

任务1:收到朋友寄来的生日礼物,如乐高礼盒等,要如何妥善处理?

图4.4　包装示例

任务2:你要为转学的同学寄去一份生日礼物。请你从选购开始,尝试为整个寄送过程提出环保的意见,比如要怎样包装,可以有怎样的寄送制度、投递

第四章　跨学科教学问题链、任务链设计原则　79

方式、接收方式、回收方式等，提供尽可能环保的方案。

课堂学习单

1. 收到快递后如何处理？

步骤	做什么？	产生什么垃圾？	如何处理及注意事项
1	打开外包装	纸箱、废弃胶带	
2			
3			
4			
5			
6			

创意小妙招或善意提醒：
_____

2. 寄快递的环保方案

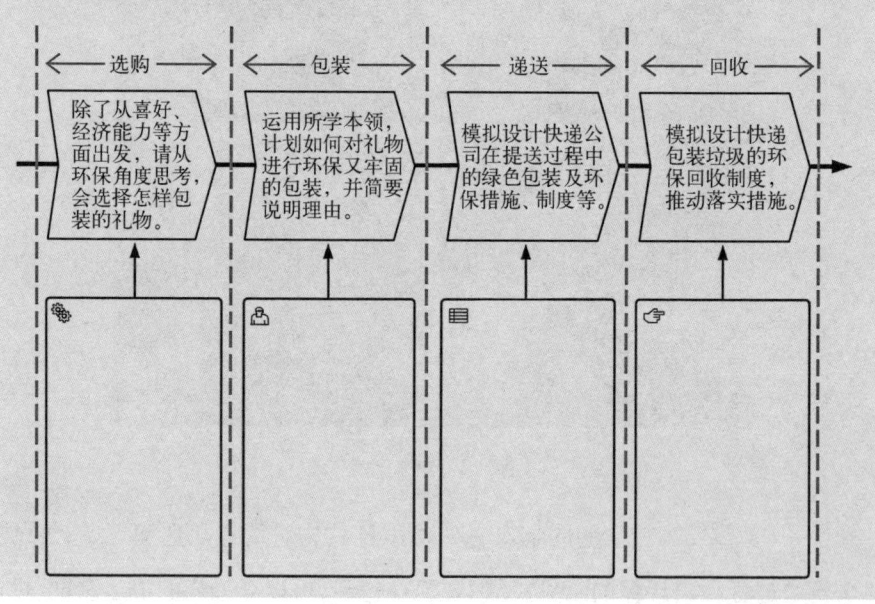

← 选购 →　　← 包装 →　　← 递送 →　　← 回收 →

除了从喜好、经济能力等方面出发，请从环保角度思考，会选择怎样包装的礼物。

运用所学本领，计划如何对礼物进行环保又牢固的包装，并简要说明理由。

模拟设计快递公司在递送过程中的绿色包装及环保措施、制度等。

模拟设计快递包装垃圾的环保回收制度，推动落实措施。

③ 合作讨论，代表上台交流，教师引导学生进行讨论、质疑，在交流过程中可能逐步完善，可能发生分歧、产生疑问。

活动三　活动推广，辐射与参与

① 希望同学们能将活动中所学到的运用到生活中去，带动爸爸妈妈一起做好对快递垃圾的回收利用和分类处理。

② 持续关注学校公众号中的"超级玩家"主题活动，带动身边人，一起节能减排，做绿色小卫士，让我们的生活多一些绿色。

第三环节　跨学科教学设计难点分析

跨学科学习活动的设计是一种将不同学科的知识和技能融合在一起，以解决复杂问题或探索现实世界主题的教育策略。这种教学方式若处理得当，能够有效地促进学生的整体认知发展，培养学生的创新思维和解决问题的能力。但在设计与实践的过程中，教师需要走出舒适区，打破原有的教学模式；学生需要显著提升认知负荷，主动且更深入地投入。在各方面都对教与学提出了更高的要求。

难点一　问题链设计的原则

跨学科主题学习能够有效促进学生综合运用知识解决实际问题的能力。但在学习过程中，对学习者提出了更高的要求，需要学生提升参与度，提高思维活跃度，及时调整学习习惯。

其一，问题链的设计需激发学生的学习兴趣，提升学习自主性。部分学生可能已经习惯了传统的分科学习方式，跨学科学习要求他们改变学习习惯，学会在多学科之间建立联系，具备探究意识。问题链教学倡导通过主干问题驱动学生深入思考、建构知识,在解决问题的过程中积累学科活动经验并体验学科思考中的基本思维方法。

其二,问题分层推进,做好学生认知负荷的管理。跨学科教学往往会增加学生的认知负荷,因为学生需要在不同知识领域之间建立联系。建构主义视角下,学生的主体性需要被更多地激发出来。教师需要设计合理的问题和教学活动,及时搭建知识的脚手架,帮助学生有效管理和整合跨学科的信息。

其三,问题链的设置,有意识地设置指向学生高阶思维培养的问题。跨学科学习是推动深度学习的方式之一,深度学习强调批判性思维、创造性思维和解决问题的能力。学生要能够触发"思维开关",启动相关意识,更好地面对学习过程中问题的两难性、复杂性和劣构性。

其四,跨学科学习活动的问题链设计要能够考虑到对学生个性化学习的支持。学生在跨学科学习中的兴趣和能力差异较大。例如在课程的推进过程中,有些同学在讨论科技支持环保事业的环节中,显现出极大的知识面和分享欲;而有些同学则更偏向于做生活的有心人,能提供生活中的真实处理方案。跨学科也造成了不同个性的学生可能擅长不同的领域。教学问题链设计需要考虑如何满足不同学生的个性化学习需求,以便每个学生都能达到深度学习。

难点二　任务情境创设的原则

跨学科教学的任务链设置中,创设真实情境是重要组成部分,它需要与学生的生活经验和兴趣相结合,同时促进学科之间的对话和互动。教师需要精心设计任务情境,促使学生面对真实的情境任务,积极调用、调试、修正相关知识,解决问题、完成任务。真实情境的任务设计可以参考借鉴以下四种方式。一,引入课堂外的真实需求,让学生创造的产品被人们真实使用。二,聚焦学生生活的难题、议题或话题。三,设定虚拟但具有现实意义的场景。四,使用成年人在生活或工作中的工具、任务、标准或流程等。

在本跨学科教学的任务情境设计中,首先凸显情境的真实性,基于真实世界,贴近学生的生活,让学生在解决实际问题的过程中进行体验式学习。教师需要将学习内容与现实生活中的情境、问题或挑战紧密结合,这要求教师具备高度的创意和对学科知识的深刻理解。

其次,所选情境能够为知识整合提供可能性。在复杂的真实情境任务中,能够涉及多方面的知识和技能。教师在创设情境时,需要恰当地简化问题,提炼关键线索,同时保持真实情境的特性,这对于教师的专业知识和教学设计能力提出了较高要求。

另外,情境的选择或创设具有强烈实践性。在整个跨学科活动中,还可以适当创设一些劣构性情境,这些情境没有标准答案,往往需要根据学生各自的生活具体问题具体分析,处理方式符合逻辑自洽即可。如本跨学科教学设计案例中提到的寄送粽子、设计寄快递的环保方案等,都是相对开放的。有的情境甚至还没有定论,比如快递包装材料的科研开发、推广普及等。这样的情境能够为学生提供思辨和创造的可能性,也有可能在学生的心田中种下对未来的一份志向和憧憬。复杂的情境不仅要求教师具有教学设计能力,在课堂引导、评价的能力上也需要更进一步。

难点三　跨学科教学设计中的教师角色定位

在跨学科教学的推进过程中,教师的角色会经历多次迭代,从传统的传授知识到更注重指导。在实践过程中,执教教师经历了一系列的挣扎和成长,从一开始强烈的教材意识,到逐步能够更加注重学生的表达和反馈,再到慢慢学会从生活中挖掘问题,在问题中综合践行。印证了在跨学科学习的视角下,教师的角色需要完成进一步的迭代重构。

从传授者到引导者、促进者：教师需要从传统的知识传授者转变为学生学习的促进者，激发学生的学习动机，帮助他们建立知识之间的联系，促进学生的主动探索和自我学习能力。

从教学者到学习者、设计者：教师不仅精通自己的学科，还要了解其他学科的基本概念和教学方法。建设跨学科教师共同体，实现知识的横向连接，是提高教学质量的关键。同时，教师需要根据跨学科学习的特点，设计和整合课程资源，创造性地构建学习场景，使学生能在多元和开放的学习环境中进行探索。从某种程度上来说，教师和学生一起构成了学习共同体，是共同学习、共同成长的。

从教育者到研究者、思想者：教师在跨学科教学中还需要成为研究者，通过观察学生的学习过程和结果，反思教学实践，不断调整教学策略，以实现更有效的教学成果。

这些角色转变对于教师来说汇聚成一个蜕变的过程。教师需要具备跨学科的知识和理解能力，能够链接不同学科的知识点，形成富有创造性和综合性的教学内容。教师需掌握多样化的教学策略和方法，如探究式学习、项目式学习等，这些方法能更好地适应跨学科教学的需求。鉴于教育模式的快速变化和知识的不断更新，教师必须具有持续学习的意识，通过参加研讨会、在线课程等方式不断提升自身的教育教学水平。

参考文献

[1] 唐恒钧,张维忠,陈碧芬.基于深度理解的问题链教学[J].教育发展研究,2020,40(4).
[2] Larmer,J. What Does It Take for a Project to be"Authentic"？[EB/OL].(2012-05-24)[2024-12-15]. https：//www.pblworks.org/blog/what-does-it-take-project-be-authentic.

第五章　跨学科教学问题链、任务链设计迭代

> 本章案例
> 校园安全提案生成记——道德与法治学科融入语文、科学育安全意识

第一环节　设计思考

环节一　设计缘由

校园安全一直是困扰学校的难题，教室里、走廊上、楼梯口、操场处……那些看似安全的地方总会出现令人始料未及的问题。校园安全隐患除了环境因素，更多的来自学生安全意识的淡薄，以及对危险的行为缺少识别能力。

《义务教育道德与法治课程标准（2022年版）》"生命安全与健康教育"主题倡导学生"知道生命只有一次，理解生命的珍贵，懂得珍惜生命，呵护生命"，"树立安全自律意识，学会自我保护技能，远离危险"。《道德与法治》教材三年级上册第三单元《安全护我成长》提到了校园安全的问题。同期《语文》教材第七单元的习作《我有一个想法》引导学生对生活中需要改进的问题提出建议和解决办法。两者结合，就可聚焦真实问题，引导学生观察和发现校园生活中的安全问题，运用多学科的知识尝试提出解决之道。

"观察"作为一项技能，在三年级下学期各个学科中有共通之处。《语文》第五单元倡导学生留心观察、细致观察，调动多种感官去观察周围的世界；道德与法治课程引导学生观察教师与同学在一起的时间，并用涂色的方式进行记

录,还要设计采访提纲,用访谈等方式进行观察与调查;自然学科的"观察"几乎是贯穿在整个学习过程中的。《义务教学科学课程标准(2022年版)》提出3~4年级学生"能在教师引导下,通过对具体现象与事物的观察和比较,提出可探究的科学问题","能运用感官和选择恰当的工具、仪器,观察并描述对象的外部形态特征及现象,用较准确的科学词汇、统计图表等记录和整理信息"。因此,自然学科的观察与其他学科最大的不同在于,观察时先要陈述观察到的基本信息,然后列表记录观察所得,最后通过"总结"或"我发现"梳理结论。当我们以校园安全问题的发现与解决为观察目的之时,学生就会自然而然地将各学科的"观察"技能贯通与融会,这样能更好地促进学生对"观察"的理解与掌握。

环节二 跨学科探索的优势

　　校园安全是每所小学最重视的问题之一。尽管教师苦口婆心地劝说,经常通过班级评比来强调,在每个课间、楼道安排教师护导、学生执勤,但收效依旧甚微。如何让安全意识植根在孩子的心田,使其成为一种发自内心的行为?跨学科主题学习是我们可以尝试的一种方式。以"如何撰写一份有关校园安全问题的有效提案?"为驱动性问题,以"为什么要关注校园安全?""校园里有哪些安全隐患?""如何消除安全隐患?""如何撰写提案?"四个子问题引导学生思考、学习,并运用多学科的知识来解决真实问题。

　　此过程中,就"观察"而言,不再是单学科意义上的知识与技能了。学生要结合真实生活进行观察,既用到语文学科的有序观察、多感官观察;还要运用自然学科的确立观察目标、列表并进行连续观察、最后得出结论;运用数学知识进行统计,运用条形图展现统计结果;结合美术知识艺术地展现危险的场景,将

"观察"进行外化……事实上，学生的观察过程无法做到按各学科的要求单独开展，而是将各学科的知识与技能融合在一起，通过跨学科学习，学生对"观察"的理解和掌握远远超过单学科的学习。

以此类推，学生通过多学科知识的整合运用，对事物的看法也会不同，对平日里视而不见、见而不思的现象形成思考、激发解决问题的创见……由此，无论是在美术作品中呈现的理解，或在语言表达中产生的见解也会更深入，或是道法学科中对生命的理解、对安全的认知都会更为深刻，这与原先单学科学习产生的效果必然不同。

从道法学科来讲，当学生捕捉到校园安全隐患的某种行为或是现象，运用多学科知识，探索多渠道的解决方式，用统计图等方式来证明自己的观点，提出自己的想法，并用"画画+宣传语"结合的方式表现时，学生原本对安全问题的思考，从被动地从老师那里接受，变成了主动地观察与思考、积极地解决与处理，并在感染他人的过程中不断内化成自我的一种素养。内化于心、外化于行，定能取得事半功倍的德育效果。以上就是该跨学科探索的优势所在。

第二环节　跨学科教学设计

环节一　教学设计概要

- 课名：校园安全提案生成记
- 设计者：王淑芬（上海市浦东新区福山证大外国语小学）
- 课时：8课时
- 适用年级：三年级第一学期
- 跨学科教学目标设计依据：

表 5.1 设计依据

依据来源	具 体 解 析
《义务教育道德与法治课程标准(2022年版)》	培养学生的"生命安全意识和自我保护能力"是"法治观念"核心素养的要求之一,具体为:了解和识别可能危害自身安全的行为,具备自我保护意识,掌握基本的自我保护方法,预防和远离伤害。第一学段的要求是"了解生活中基本的安全常识,掌握常用的求助信息",为本项目的开展奠定了学生的知识基础。第二学段为"具有规则意识并学会遵守规则",在本项目中,我们可以引导学生在观察和发现校园内的不安全行为和现象后,通过漫画等来制定规则,并引导他人和规范自我。
《义务教育语文课程标准(2022年版)》	第二学段要求"能清楚明白地讲述见闻,说出自己的感受和想法","观察周围世界,能不拘形式地写下自己的见闻、感受和想象","能提出学习和生活中的问题,有目的地搜集资料,共同讨论,尝试运用语文并结合其他学科知识解决问题"。针对这些学段要求,语文教材中也有相应的内容,我们可以将两者结合,制定本次跨学科学习的目标。
《义务教育体育与健康课程标准(2022年版)》	体育课标,提出学生应知道"基本的运动安全知识和方法",以及"受伤外出血时及时止血的方法";同时提出"注重将教学与学生的认知水平和生活经验相结合"。
《义务教育科学课程标准(2022年版)》	科学课标提出3~4年级学生要"认识物体有多种运动形式,力可以改变物体的运动状态,运动的物体具有能量"。这门学科在本项目中学习内容不多,但是相应的学科知识为学生顺利开展学习提供了知识与技能的有关基础。
《义务教育艺术课程标准(2022年版)》	第二学段美术学科的教学要求是"能运用传统或现代的工具、材料和媒介,创作平面、立体或动态等表现形式的美术作品,表达自己的所见所闻、所感所想,学会以视觉形象的方式与他人交流","了解'实用与美观相结合'的设计原则,为班级、学校的活动设计物品,体会设计能改善和美化我们的生活"。

* 备注:考虑到本次跨学科主题学习是三年级上学期的学生参与,我们可以根据教材内容所在的单元要求,适当调整难度,制定教学目标。

◆ 跨学科教学目标:

① 通过"收养一枚蛋宝宝"的沉浸式体验活动,感悟"生命只有一次",体悟爸爸妈妈最担心我们的生命安全,提高安全意识,并通过学写日记的方式将

自己的感悟写出来,在交流过程中深化理解,从而提高安全意识。

② 识别校园内可能危害自身或他人安全的行为或现象,变无意地发现为有目的地观察,思考并寻找问题背后的原因。

③ 在探寻校园安全问题解决之道的过程中,运用科学、道法学科的列表比较、调查访谈、实验操作、统计分析等方法进行深入观察,通过查找资料、咨询师长、共同讨论等,提出有效的解决方案。

④ 在完成习作"我有一个想法"的过程中,将自己在探究过程中形成的思考与解决方法进行梳理与表达,以"少先队提案"的方式,邀请校长室和学生发展部审核,以此获得校园推广、设施改造、开展相关活动的认可。

⑤ 结合前期各学科探索获得的避免安全隐患的措施,简单运用美术学科表现物体前后、主次关系的构图方法,绘制校园安全小贴士,借助校园电视台,以微课介绍方式进行宣传,并通过校园安全小贴士 PDF 版手册的发布加大宣传力度。

◆ 教学材料选取及分析:

① 结合三年级第一学期《道德与法治》中《安全护我成长》的《生命最宝贵》和《安全记心上》,理解生命的可贵,学习自我保护的基本方法。

② 结合《语文》教材第五单元"体会作者是怎样留心观察周围事物的",借助课文《搭船的鸟》和《金色的草地》引导学生将无意的发现转变成有目的地观察。结合《道德与法治》第二单元《我们的学校》中"列采访提纲","通过拍摄照片或文字报告等方式记录我们的调查结果"。

③ 结合《语文》教材第二单元习作《写日记》,引导学生深度体验、仔细观察,不断对学习过程中发生的事进行感悟。跨学科主题学习过程中发生的各种各样的事,能为学生提供鲜活的习作素材;通过写日记的多次练习,能提高学生写一件事的能力。另一方面,日记是教师和学生的一种结构性互动,学生描述他们在学习过程中的观点、经验、反映、洞见、理解、困惑和误解,因此,日记可以作为一种评价形式贯穿于学习过程中。教师通过学生的日记进行个别交流式

评价,及时发现学习中的问题,进行集体讲解,无论是对学生的习作能力,还是学生人格养成的培养,抑或是跨学科素养的形成,都有很好的助推作用。

④ 运用科学、数学、体育、美术等相关学科知识,对校园安全问题进行分析,并探索解决的方法。

⑤ 结合《语文》教材第七单元习作《我有一个想法》和《道德与法治》第二单元《我们的学校》中"我们的建议""我们的行动方案"等,完成"校园安全提案"的撰写。

◆ 整体教学思路:

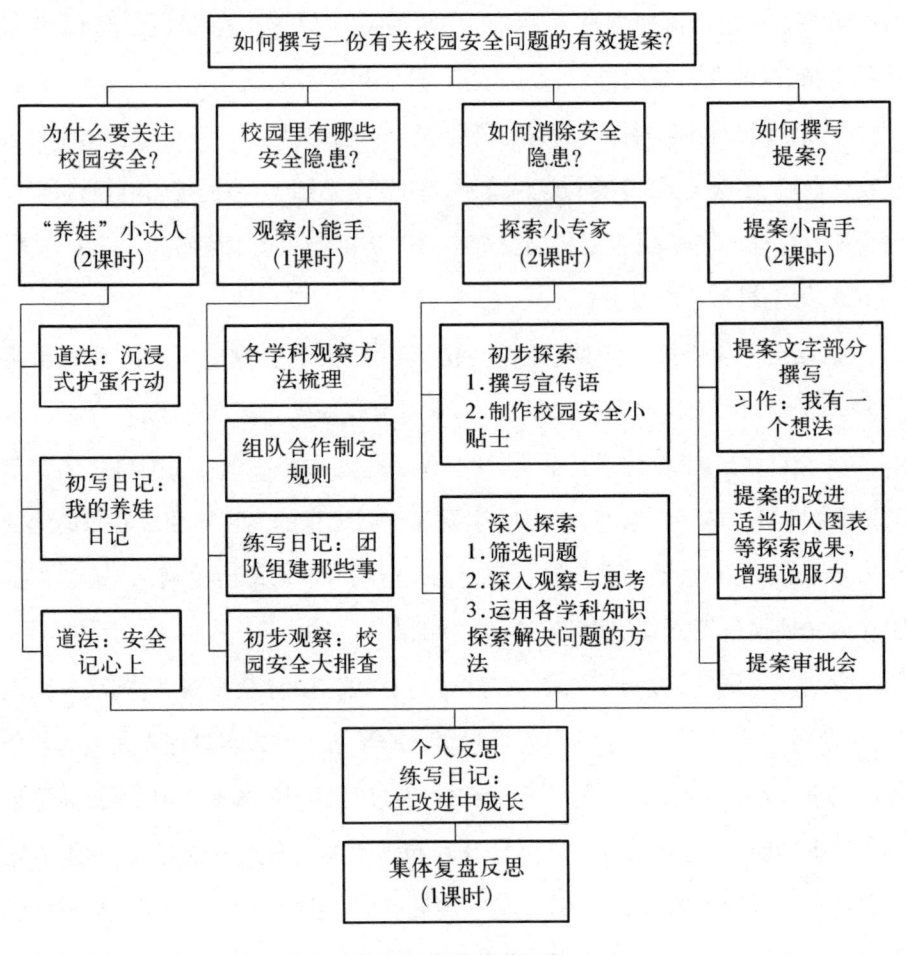

```
                    如何撰写一份有关校园安全问题的有效提案?
        ┌───────────────┬───────────────┬───────────────┐
   为什么要关注      校园里有哪些      如何消除安全       如何撰写
    校园安全?        安全隐患?          隐患?            提案?
   
   "养娃"小达人      观察小能手       探索小专家        提案小高手
    (2课时)          (1课时)          (2课时)           (2课时)
   
   道法:沉浸        各学科观察方      初步探索          提案文字部分
   式护蛋行动        法梳理           1.撰写宣传语       撰写
                                     2.制作校园安全小    习作:我有一
                     组队合作制定      贴士              个想法
   初写日记:         规则
   我的养娃                                             提案的改进
   日记             练写日记:团       深入探索          适当加入图表
                    队组建那些事       1.筛选问题         等探索成果,
                                      2.深入观察与思考   增强说服力
   道法:安全        初步观察:校      3.运用各学科知识
   记心上           园安全大排查       探索解决问题的     提案审批会
                                      方法

                         个人反思
                         练写日记:
                         在改进中成长

                        集体复盘反思
                         (1课时)
```

图 5.1　整体教学思路

环节二　教学过程

任务一　"养娃"小达人

对应子问题1：为什么要关注校园安全？

活动一　收养一枚蛋宝宝

任务单一　请收养一枚蛋宝宝

请从家里找一枚生鸡蛋，从今天起成为她的爸爸或妈妈！请你为她打扮一下，用彩笔勾勒她的模样，给她穿上衣服，给她建一个小屋，都行。装入密封袋或者保鲜袋，明天我们把蛋宝宝带来一起学习，看看谁会成为一名优秀的家长。

可爱宝宝画一画

请你亲手为自己的孩子画一幅画像，记录她俊俏可爱的模样！

优秀爸妈晒出来

你准备怎样照顾和培养自己的宝宝？请你简单罗列你的培养计划。

1. _____
2. _____
3. _____

我的养娃日记

在这三天的护蛋行动中,你是怎么担任爸爸或妈妈的,你最为孩子担心的是什么问题?发生了哪些有趣的事?你的感受如何?请你以日记的形式写一写。可以在日期、星期和天气的下一行加上一个标题。

行动人:_____   学号:_____

活动二 安全记心上

1. 结合道法第三单元的《爱护身体 珍惜生命》,开展讨论

2. 小小辩论会——我们身处的校园安全吗?

① 按照观点不同,分成正方和反方,查找资料,进行准备。

② 开展课堂辩论。

任务二 观察小能手

对应子问题2:校园里有哪些安全隐患?

活动一 旧知梳理——"观察"那些事儿

① 同学们,这学期,我们在语文课第五单元中学了不少观察的本领;在自然课上,我们学习了列表观察并记录;在道法课上,我们学习了调查、访谈等观察方法。现在我们一起来绘制关于"观察"的思维导图吧!

② 我们还把语文课上学到的观察的本领运用到了道德与法治学科,进行"我们的学校不简单"的校园大调查(出示教材图片或学生作品帮助回顾)。

图 5.2 各学科"观察"的梳理

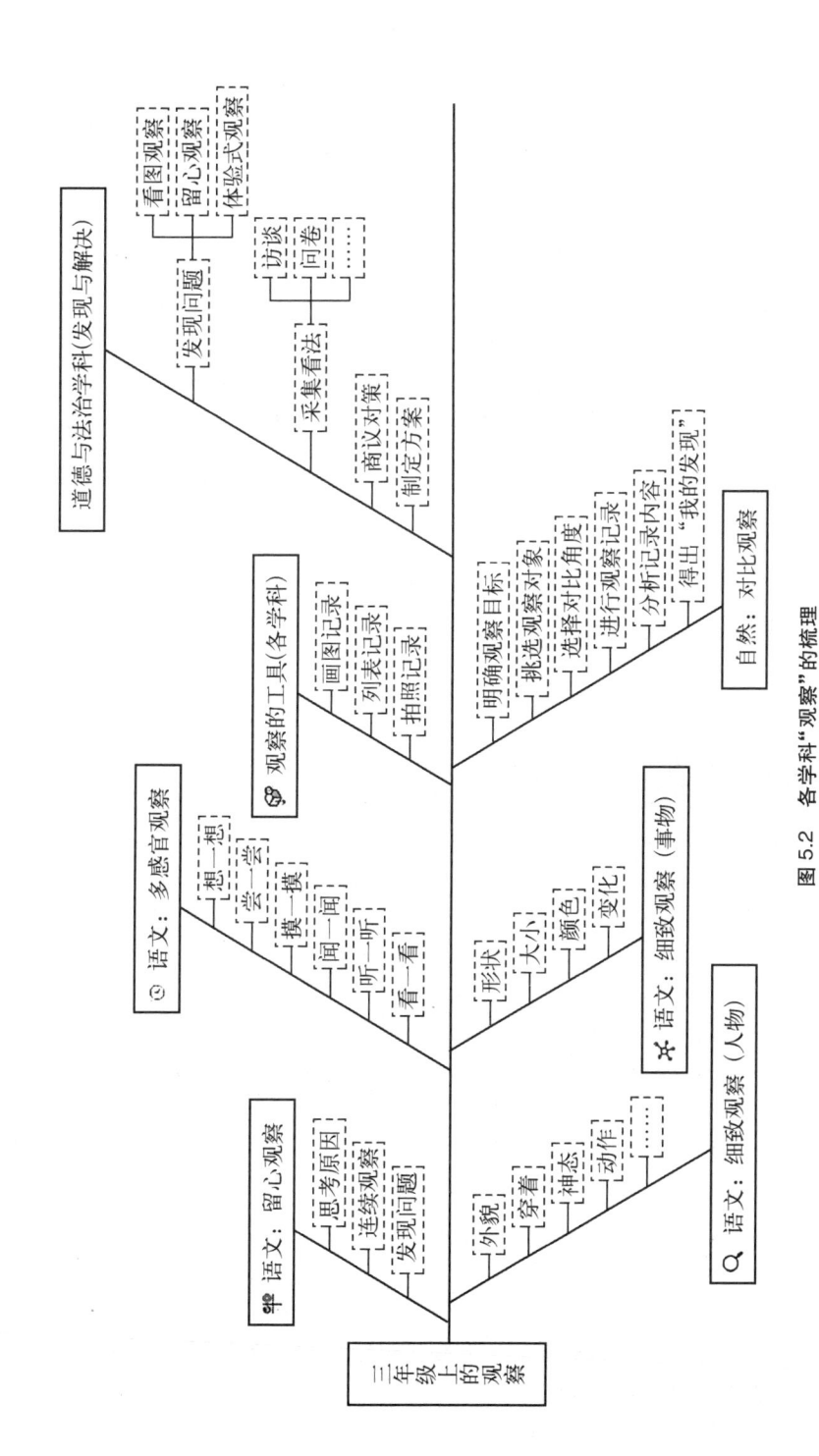

第五章 跨学科教学问题链、任务链设计迭代　93

③ 发布问题情境：

在观察校园的过程中，不少小朋友发现了校园内有不少安全隐患，有的是同学们课间休息行为不当，有的是安排不合理，等等。那些隐藏在生活中的危险，可能会对我们造成身体伤害，严重的还会威胁到我们的生命。让我们齐心协力，找出校园安全隐患，以少先队提案的方式向学校提出，让我们的校园更加安全美好。

活动二　校园安全大排查的准备——组队与分工

① 为了能更加高效地调查，我们根据大家绘制的校园平面示意图，进行分工分团队排查吧！

② 组建团队。具体要求如下：自愿组合，4~5人一组；根据《语文园地一》的内容，给自己的团队取个名字；制定团队合作制度，可根据合作过程逐步完善制度；根据团队合作任务单，完成团队的初步组建。

任务单二　团队组建

团队名称：＿＿＿＿＿＿＿＿
团队画像：＿＿＿＿＿＿＿＿

合作规则：
1. ＿＿＿＿＿＿＿＿＿＿＿
2. ＿＿＿＿＿＿＿＿＿＿＿
3. ＿＿＿＿＿＿＿＿＿＿＿
4. ＿＿＿＿＿＿＿＿＿＿＿
5. ＿＿＿＿＿＿＿＿＿＿＿

③ 邀请美术老师对学生设计的团牌进行指导。

④ 学生根据组建团队中发生的各种小故事，完成日记；教师根据日记从语文日记的撰写和团队协作能力的培养两个方面进行个别交流式评价，然后对组建团队的整体情况进行点评。

任务单三　团队组建那些事

今天我们进行了以"校园安全"为主题的跨学科主题学习——组建团队,在这个过程中,有没有发生小故事呢?是困扰?是快乐?是没能解决的问题?还是成功应对的过程?请你在任务单上完成一篇日记。注意介绍清楚这件事情的起因、经过和结果,在叙述过程中,写写自己的感受,或者想法的变化。

⑤ 通过协作文档,选取排查任务。

任务单四　校园安全隐患排查区域认领

校园区域	负责小组
A 楼	
B 楼	
C 楼	
操场	
篮球场	

第五章　跨学科教学问题链、任务链设计迭代

校园区域	负责小组
图书馆	
鱼池花园	
活力农庄	
活力果园	
食堂	
校牌周边水泥空地	

⑥ 请根据团队选择的观察区域,设计《校园安全调查记录单》,可参考以下示例,可根据实际情况进行调整。

任务单五　校园安全调查记录单

观察时间段	设施隐患	危险的行为	潜在的问题	其他
第一节课前				
9:05—9:15				
……				

活动三　校园安全大排查——调查进行时

① 各团队试观察两天,各组交流观察所得。

② 通过交流与团队自我评价,取长补短,完善排查任务记录单的设置,改进观察的方式与方法、人员分工等。

表 5.2　评价"观察小能手"

评价团队＼评价维度	区域覆盖面	时间覆盖度	记录完整度	问题发现	分工合理度
太阳花小队					
侦探小队					
……					

③ 继续观察和记录。

任务三　探索小专家

对应子问题 3：如何消除安全隐患？

活动一　初步探索——制作《校园安全小贴士》

1. 游戏与回忆：梳理旧知——平面绘画的技巧

结合《美术》第七单元《身边的世界》，学习表现物体前后、主次关系的构图方法。

① 对比与发现：教师出示两幅作业，比较有无主次关系、是否体现前后物体、绘画的表现有何不同。

② 示范与讨论：教师示范表现主次和前后的漫画作品，请学生联系前一单元的学习内容，从颜色、对比、造型夸张、构图饱满等角度进行完善的讨论。

2. 讨论并形成评价量规

表 5.3　评价"安全小贴士"

评价维度＼水平星级	☆	☆☆	☆☆☆
题材表现了校园内的安全问题			
构图饱满，形象夸张			

续　表

评价维度 \ 水平星级	☆	☆☆	☆☆☆
色彩搭配鲜艳,对比强烈			
平涂效果理想,画面表现力强			
宣传语设计朗朗上口、观点明确			

3. 独立作画进行时

① 根据评价量规,进行试创作。

② 教师个别评价与指导。

4. 结合《语文》第七单元口语交际《身边的"小事"》进行交流

① 倾听上海微校的交流示范。

② 讨论:如何才能清楚地表达自己的发现?根据讨论结果制定和完善以下评价量规。

表 5.4　评价"慧眼小侦探"

评价维度 \ 水平星级	☆	☆☆	☆☆☆
能简要清楚地介绍"小事"	语言啰嗦,不着重点	语言稍显啰嗦,来龙去脉不够清楚	语言简洁,重点突出,清楚明白
清楚地表达自己的看法	缺少自己的观点	有一定的想法,但表达不清	想法很好、表达清楚,很有可行性
汇总时能反映小组每个人的想法	没有汇总,表达混乱,前言不搭后语	有汇总但只是简单叠加了每个人的意见	汇总且分类介绍了大家的意见
能结合自己绘制的校园安全小贴士进行介绍	结合度较低,小贴士的使用不能为自己的解说助力	结合度较好,但运用小贴士介绍的过程中略微僵硬	结合度非常好,小贴士起到了锦上添花的作用

5. 小组交流：团队内意见汇总

① 根据评价量规，团队内练习后推选团队发言人。

② 团队交流：集体梳理问题的类型与表现，如：设施隐患、危险的行为、潜在的问题……

活动二　深入探索——运用各学科知识解决重点问题

1. 筛选问题

从全班搜集到的问题中，讨论并选定各团队想要重点探讨的问题，并用观察、问卷、调查、访谈等方式确定各团队选定的问题是否有探索的价值。

> **任务单六　校园安全问题深度探索**
>
> 我们发现的校园安全问题：
> _____
> _____
>
> 这个问题，我们有没有进一步探索的必要呢？请评估一下。
>
> | 这种情况多吗？ | □ 很多 | □ 一般 | □ 不太多 |
> | --- | --- | --- | --- |
> | 这种情况造成的后果严重吗？ | □ 非常严重 | □ 比较严重 | □ 不太严重 |

2. 探索与发现——商讨解决的对策

> 我们的探索：
> 对于有价值的问题，我们可以进一步探索它的普遍性和重要性，可以寻找问题发生的原因，也可以研究解决或避免的方法。综合运用各个

学科中学到的本领可以帮助我们解决问题。老师为你罗列了一些,你也可以自己翻书寻找,或上网搜索,或咨询各学科老师。

我的想法或建议:

_____

_____

3. 反复调查与改进

任务四 提案小高手

对应子问题4:如何撰写提案?

活动一 习作指导:我有一个想法

① 生活中有很多需要我们改进的问题,如果我们积极表达自己的想法,提出改进建议和解决办法,就能使生活变得更加美好。

② 阅读语文书中的两个范例,说说作者是怎样把自己的想法写清楚的。

③ 根据讨论,师生共建评价量规。

表5.5 评价"写话小达人"

评价维度	评价标准	水平星级	☆	☆☆	☆☆☆
师生共建	把问题写清楚,观点明确				
	想法和建议是有可行性的				
	想法和建议具有实际效果				
	想法和建议能分条目写,条目间没有重复				
学生自建					

④ 参考范文、依据量规，撰写提案。

⑤ 团队内进行交流，依据评价量规，提出修改意见，逐字逐句修改。

活动二　宣传小使者

① 准备：熟背发言稿。

② 结合自己绘制的校园安全小贴士，开展宣传预演，梳理本学期口语交际相关内容，团队合作制定评价量规。

表 5.6　评价"宣传小使者"

评价维度 \ 水平星级	☆	☆☆	☆☆☆
有礼貌地向他人宣传			
结合自己的图片或实物讲			
清楚、流畅地表达自己的看法			
听别人讲话的时候，有礼貌地回应			
结束讲话，表达感谢			

③ 多形式互相练习，依据量规进行互相评价并不断改进。

④ 通过校园电视台，结合各学科知识进行校园安全的宣讲。

任务五　反思复盘

① 根据平时评价，推选出相应的荣誉称号得主。

② 根据团队合作表现，评选"合作小明星""创意小天才"等。

③ 完成自我反思表。

表 5.7 复盘反思阶段的自我反思表

想一想：你在本次学习中做了哪些事，表现如何？在空白处填写相应内容	
姓名	
主题学习名称	
驱动你学习的问题	
本活动的主要环节	
关于自身	
你认为学到的最重要的东西	
自己做得最好的环节	
你最想要花更多时间或采用与以往不同的方式去做的环节	
关于本次跨学科主题学习	
你最享受的部分	
你最不享受的部分	
你觉得教师应该如何改进	

④ 教师对学生的反思表进行梳理与反馈。

第三环节　跨学科教学设计难点分析

难点一　如何基于真实问题进行问题链、任务链迭代

跨学科学习是学生综合两个或以上学科的知识、能力或思维，通过一定的载体（如主题、现象、问题、产品等）形成整合性的跨学科理解的过程。要使学

生形成整合性的跨学科理解的过程,选择合适的主题非常重要。

在本案例中,笔者在设计之初,确定了"校园安全漫画手册"的主题,考虑的是语文联动道法和美术学科开展跨学科学习,以画一套关于校园安全的宣传作品作为终极目标,引导学生去解决校园安全问题。图 5.3 是最初设计的整体教学思路图。

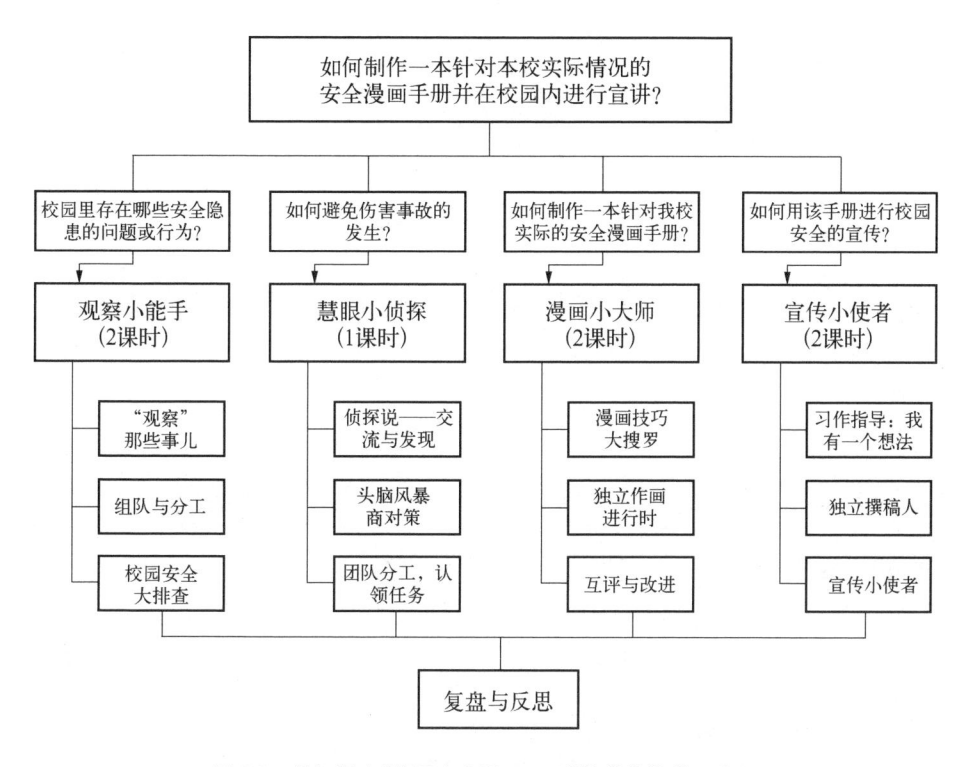

图 5.3 最初版本"校园安全漫画手册"的整体教学思路图

通过学科协同,学生的作品很快诞生了。

然而,在实施的过程中,教师和学生都陷入了思考:发布一套宣传作品能否真正解决校园安全问题?

当这个问题不断出现在师生的对话中时,我们不得不面对生活的真实——这个主题学习的设计本身就源于校园生活真实问题的解决,如果问题没解决,

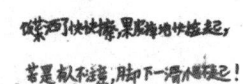

图 5.4　学生设计的部分作品

就意味着目标未完成。因此,我们引导学生对发现的校园安全问题进行了梳理,找到了最为集中的八个,重新进行研究。

表 5.8　校园安全问题

1. 走廊里的奔跑	2. 把小物件含在嘴里玩	3. 校园里的视觉盲区	4. 缺乏运动安全知识
5. 饭前不洗手	6. 晚接等待区的改善	7. 私探"神秘"场所	8. 趴在扶手上滑楼梯

当我们接受这种改变时,我们才发现自己真正找到了"跨点",并计划进行问题链、任务链迭代。

案例一　出人意料的发现

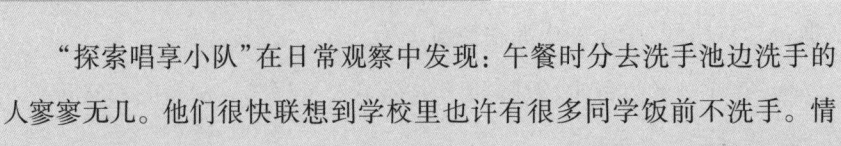

"探索唱享小队"在日常观察中发现:午餐时分去洗手池边洗手的人寥寥无几。他们很快联想到学校里也许有很多同学饭前不洗手。情况是否和他们预想的一样呢?受语文课文《金色的草地》的影响,学生们准备一探究竟。由于 A、B、C 三栋教学楼中,仅 C 楼的洗手间最少,最方

便团队调查,于是他们派出3位同学守住三个洗手池,进行观察和记录;派出2位同学去各班询问班级人数,统计用免洗洗手液和湿纸巾擦手的同学;几个数据一合计,就得出不洗手的人数,并运用数学知识,有的绘制了表格,有的设计了条形统计图。

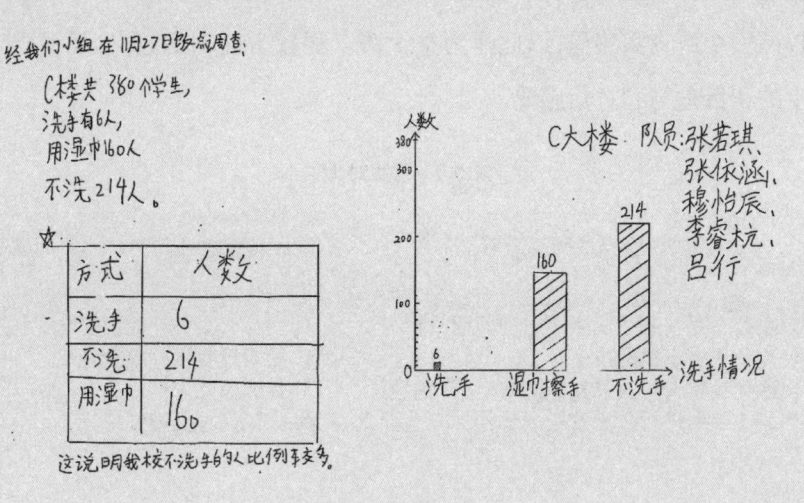

图5.5 两份统计图

课上,教师让学生比较两位同学任务的完成情况,大家发现,左边同学不仅有基本信息的介绍,还有调查结果的总结,整份调查非常完整,给人以真实有效的感受,而右侧的同学使用的条形统计图给人一目了然的感受。如果把左侧的表格改成统计图就完美了。

教师第一次设计的"跨点",是语文、道法与美术学科的结合,学生确实融合了三个学科去共同发现和解决校园安全的问题,但是这种"解决"的过程是粗浅的,甚至没有太大的效果,由此带来的学生学习的过程还处于被动的一种状态;然而,当教师换一种思路,师生直面问题解决的效果时,学生的学习兴趣被极大地激发了,他们兴奋、努力地查找资料,一遍又一遍地设计问卷,克服羞涩与胆怯走进别人的教室去调查，一次次打开自然书、数学书、道法书，寻找可参考的例子……可见"跨点"不同，产生的学习效果也不同。对于学生来说，获得问题真实的解决，才能真正使他们产生内驱力与成就感。

因此在最终的跨学科教学设计方案中，本教学设计调整了问题链，任务链也相应做出调整。特别表现在最新版本的问题链设计，以学生为中心，关注学生对校园安全的真实感受，以此作为整个跨学科教学活动的起点，从而真正促成学生的积极参与和真切感受。

表 5.9 两版对比

最初版"校园安全漫画手册"问题链	最新版"校园安全提案"问题链
1. 校园里存在哪些属于安全隐患的问题或行为？ 2. 如何避免伤害事故的发生？ 3. 如何制作一本针对我校实际的安全漫画手册？ 4. 如何用该手册进行校园安全的宣传？	1. 为什么要关注校园安全？ 2. 校园里有哪些安全隐患？ 3. 如何消除安全隐患？ 4. 如何撰写提案？

难点二　如何理性看待课标要求，迭代问题链、任务链因材施教

当我们去实施这样一份跨学科主题学习的方案时，当我们反复平衡各学科的学习进度和课标的学段学习要求时，"落点"的问题清晰地摆在我们面前。跨学科学习能不能超越课标呢？

案例二　"安全守卫队"的探究之旅

"安全守卫队"需要重点攻破的是不少学长学姐们趴在楼梯木扶手上往下滑的危险行为。他们首先进行了访谈，发现大哥哥和大姐姐喜欢

滑楼梯的原因是觉得滑楼梯速度很快,很刺激,一旦老师不在场,就肆无忌惮地滑起来。

"安全守卫队"的学生向自然老师寻求解决方法,自然老师指出,一方面可以改变木扶手的摩擦力,一方面要给滑楼梯的大哥哥普及滑楼梯的加速度会使受伤更严重的物理知识。面对"摩擦力"和"加速度"两个不是三年级小朋友需要学习的内容,"安全守卫队"该何去何从呢?不等教师思量清楚,他们的探索过程已经开始。

探索一:补充学习物理知识,了解什么是"摩擦力"。

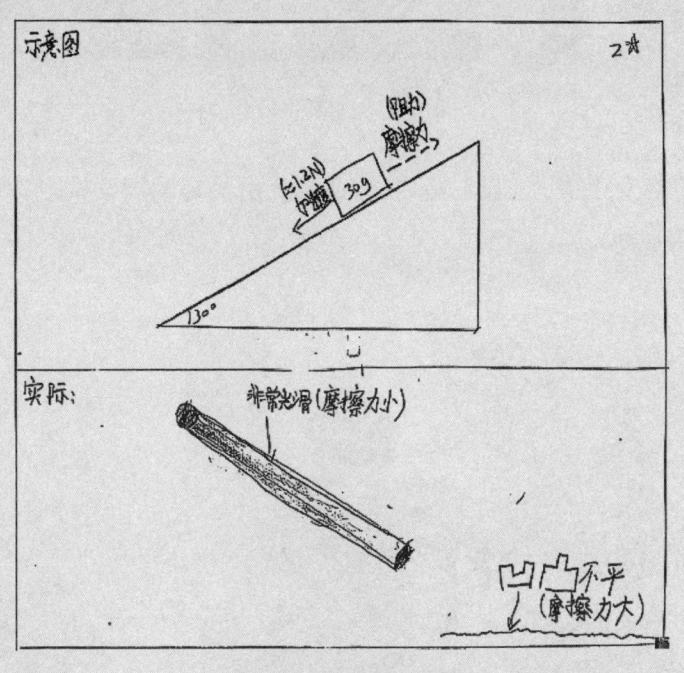

图5.6 学习"摩擦力"

探索二:涂防滑剂,增加阻力,降低滑楼梯的顺滑度,减少刺激的感觉。几经选择,最后他们选定了用于体育场的木地板防滑剂,然而,防滑剂所能增加的阻力并不能阻碍同学滑楼梯,而且几次滑过,防滑剂就失效了。

图5.7 涂防滑剂

探索三:绑绳子,设置障碍物,邀请爱滑楼梯的同学试着滑后谈感受,获得成功。

图5.8 绑绳子

探索四：提出解决方案。

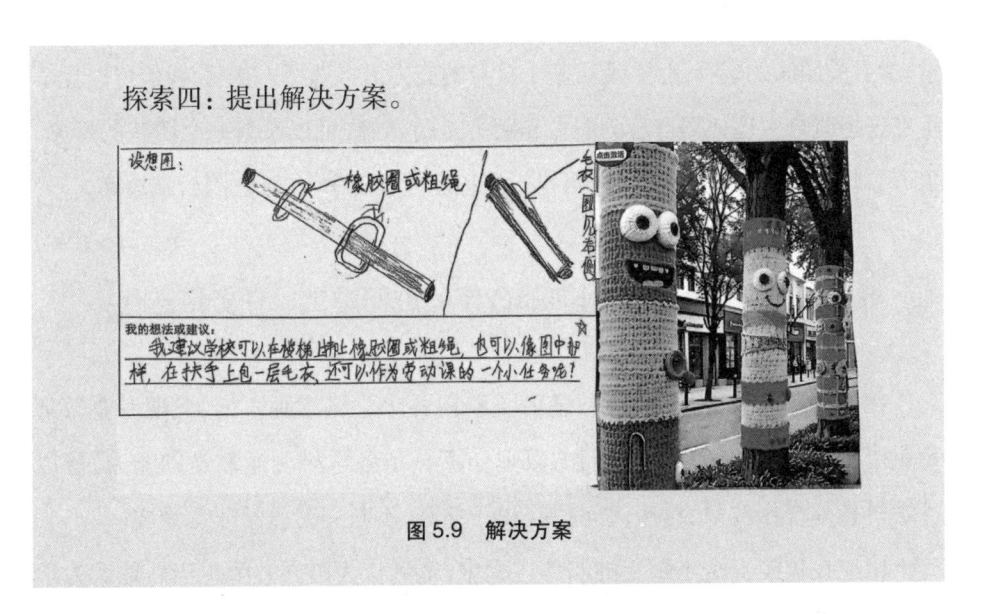

图 5.9 解决方案

当学生面对生活中的复杂问题进行探究时，要用到超越课标的知识是在所难免的。在数字化转型的大背景下，学生的学习方式和学习路径正在发生改变，学生进行超越课标的学习已经成为可能。当自然教师提到"摩擦力"和"加速度"两个概念后，学生下一节课就在平板上通过语音搜索，快速地搜索到了相关的教学视频，半小时不到的时间就大致了解了相关的知识。而此前信息老师曾告诉我们，三年级上的学生还没有学会键盘输入，无法独立完成相关资料的搜索与学习。

跨学科主题学习，让我们看到更多的可能，也让我们看到了"落点"或许并不局限于课标，相反，我们可以根据学情的不同设置不同的学习菜单，供学生选择性探索。比如，这个跨学科主题学习中，我们目前是各个小组选择一个问题进行探

仅参与一个团队的探索　　　　根据自身能力参与多个团队的探索

图 5.10　学生参与一个团队学习到参与多个团队的学习

第五章　跨学科教学问题链、任务链设计迭代　　　109

索,学生受团队的选择制约,无法基于自身的能力进行选择。往后,我们可以让学生在选择时自主地根据自己的能力和精力进行选择,可以参与一个团队的探索,也可参与多个团队的研究,这样可以一定程度上实现学习分层、因材施教等。

难点三　学科教师如何加强合作促进问题链、任务链迭代

在本次跨学科主题学习中,笔者不断向各个学科教师咨询,发现专业教师专业指导的重要性。当下,我们的教师还不具备各学科融通教学的能力,所以各学科教师合作教学,对迭代问题链和任务链、不断完善教学非常重要。

比如在校园安全小贴士的制作过程中,笔者作为语文教师想当然地认为学生是有能力画漫画的,所以一开始设计了让学生用漫画的形式表现观察到的安全隐患。但是,学生在完成过程中发生了困难,很多学生不会画人物和场景,初稿多为火柴人,后经美术教师指导,"漫画"的要求改为"小贴士",并给予专业指导,学生的作品一下子有了亮点。

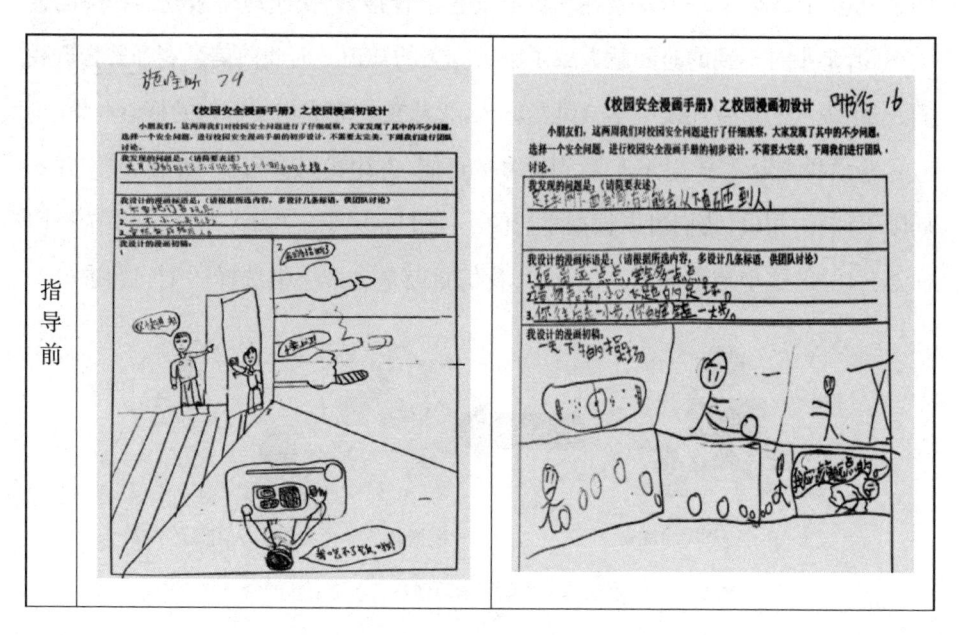

指导前

续　图

指导后		

图 5.11　语文和美术教师指导前后同一学生的作品比较

可以看到,语文教师指导后,学生的宣传语发生了质的提升,美术教师指导后,学生的作品更加鲜明地表现了想要表现的主题。两个学科教师的通力协作,使学生在此活动中获得了成长,取得了更好的效果。

难点四　评价如何促进学习

评价如何促进学习？这是教师在实施过程中不断追问自己的问题。

1. 评价要与改进紧密结合

有效的反馈是指为学生提供一种可以改进学习的信息。要使评价促进学生的学习,最主要一点是评价一定要与改进紧密结合,如果单纯地对学生的成果进行评价了,没有作用于他的改进,那么这样的评价在跨学科主题学习中意义不大。

在本主题学习的实施中,笔者结合语文教材中"学写日记"的要求,让学生三次记录学习中发生的事和自己的感受,运用同一张评价表,引导学生不断改进自己的习作。

表5.10 "校园安全提案生成记"跨学科主题学习《写日记》习作评价表

评价标准		自我评价				教师评价			
		优	良	合格	须努力	优	良	合格	须努力
基本要求	基础：基本无错别字，标点使用基本正确，语句通顺。								
	书写：态度认真，字迹端正。								
主题学习要求	☆日记格式正确。								
	☆☆一篇日记围绕一个内容写。								
	☆☆☆记录生活中所做、所听、所看、所想。								
	☆☆☆写出自己的真情实感。								
评价方式（□教师评　□学生互评　□学生自评）：						等第：			

可以看到这份评价表是基于统编语文教材第二单元习作《写日记》的要求进行设计的，"教"与"用"一一对应，既有基本习作的要求，也有本主题的重点训练要求，可在三次写日记过程中逐步深入。在评价方式的安排上，教师可以根据需要，安排"教师评""学生自评"或"学生互评"。

其次，这张评价表也是一份习作清单，教师第一次批改时，可以先不填写描述性评价，而是用打勾的方式，学生一下子就可知道自己的问题在哪里，并进行改进；学生在修改的过程中，也可不断对照此表进行自我评价，最终，学生修改好，教师再赋予描述性评价，这样更能体现人性化的特点，让学生切切实实感受到评价对学习的促进。

2. 让学生全程参与评价过程

研究者认为，学生参与课堂评价对学习的改进及课堂评价促进学习功能的发挥具有明显的积极作用,不仅有助于学生达成学习目标,还有助于学生自我评价能力的发展。美国著名教育评价专家斯克里文区分了学生在课堂评价中不同的参与程度:参加测验,得分;在教师要求下提出改进测验的建议;建议可能的评价方法;实际制定评价方案;帮助教师修订评分规则;创建自己的评分规则;应用评分规则来评估自己的表现;开始理解评价和评估是怎样影响自己的学业成就的;开始理解自我评价、教师的评价与自己的学习成就之间的关系。我们可以依据学习活动的需要、学情特点等,选择一种,让不同程度的学生都能参与,通过长时间的训练,培养学生的自主评价能力。

在本跨学科主题学习中,笔者不仅安排了师生共建评价标准的环节,还安排了学生评价他人和评价自己的环节。在活动"习作:我有一个想法"的教学过程中,教师设计了以下教学环节。

表5.11 教学环节

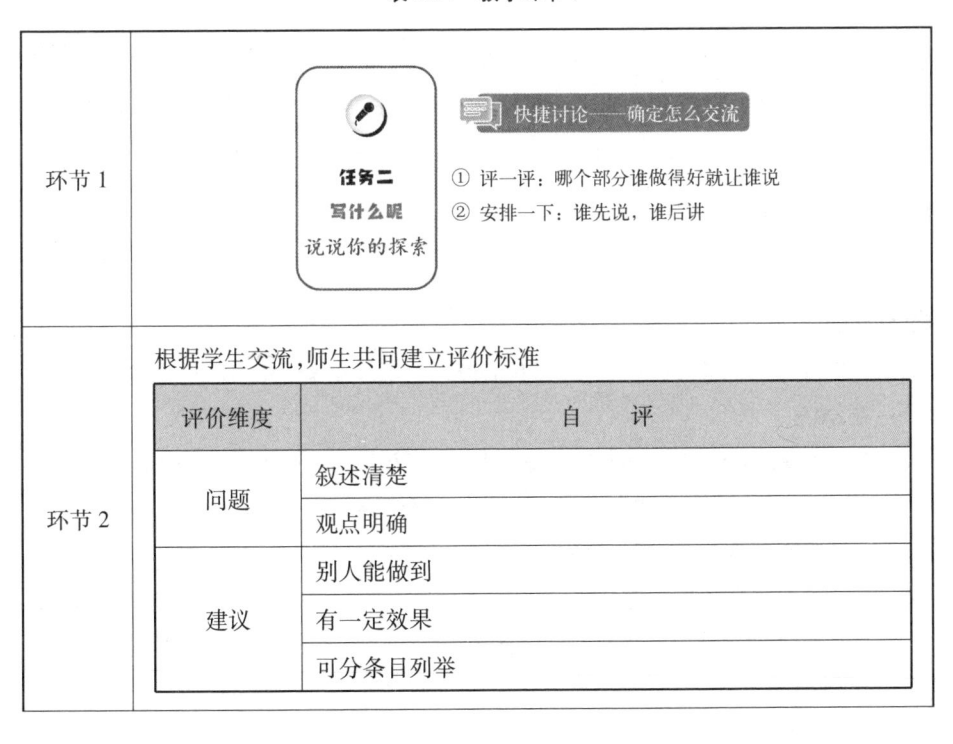

环节1	任务二 写什么呢 说说你的探索 快捷讨论——确定怎么交流 ① 评一评:哪个部分谁做得好就让谁说 ② 安排一下:谁先说,谁后讲		
环节2	根据学生交流,师生共同建立评价标准		
	评价维度	自 评	
	问题	叙述清楚	
		观点明确	
	建议	别人能做到	
		有一定效果	
		可分条目列举	

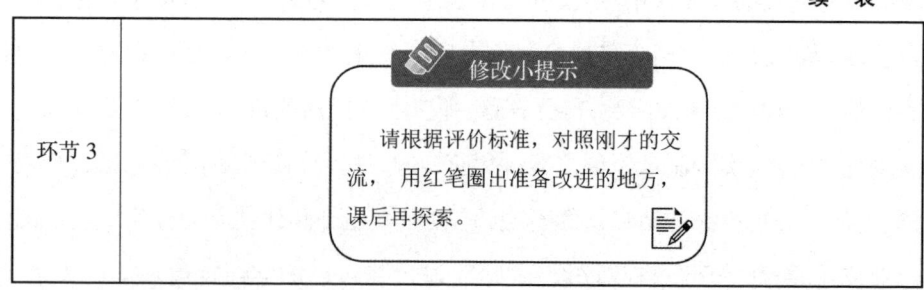

环节3	**修改小提示** 请根据评价标准,对照刚才的交流,用红笔圈出准备改进的地方,课后再探索。

在前一阶段的探索过程中,尽管学生一起设计了问卷,一起进行了统计,一起想了对策,但是每个学生在完成各自的任务单时,呈现的结果却是不同的。因此,在交流环节中,教师先引导学生进行团队内的互评,再选出每个板块做得最好的学生进行交流。让学生在选择的过程中、在优秀学生的交流中、在教师的评价中,自然而然地对比对方的优点和自己的不足。当学生比对出优点和不足时,教师就帮助学生梳理出评价标准;然后再让学生根据评价标准,用红笔圈出自己准备改进的地方,课后进行改进,这样使学生不仅可以参考到优秀的例子,还可以找到相应的评价标准,能使学生不仅理解了"从哪几方面评价""评价的具体要求是什么",还知道了"好的作品是什么样子的",因此能更好地帮助学生进行自评和修改。

参考文献

[1] 夏雪梅.跨学科学习:一种基于学科的设计、实施与评价[M].北京:教育科学出版社,2024.

[2] 简·查普伊斯,瑞克·斯蒂金斯,史蒂夫·查普伊斯,朱迪·阿特.促进学习的课堂评价:做得对 用得好(第二版)[M].赵士果,译.上海:华东师范大学出版社,2021.

[3] 王少非等.促进学习的课堂评价[M].上海:华东师范大学出版社,2018.

[4] 理查德 J. 斯特金斯.促进学习的学生参与式课堂评价(第四版)[M].国家基础教育课程改革"促进教师发展和学生成长的评价研究"项目组,译.北京:中国轻工业出版社,2005.

# 第三篇
跨学科教学的实施场景

一线学校跨学科教学的课时安排,既可以安排于正规课程(如各学科课程)中开展,也可以结合综合实践活动等开展,因此带来了三种常见的跨学科教学设计和实施的场景:课堂教学、校内社团实践、馆校合作。教师既需要充分利用学校、社区、社会等资源拓展跨学科学习环境,从而促进学生主动、有序参与体验模拟、志愿者服务、参观访问、社会调查、实验探究、项目实践等多样化的学习活动;又需要对课程、校内外实践活动时间做出统筹安排。

　　如何在常态化的课堂、校内社团、校外这三种空间不同,资源不同,教学主体不同的环境中实施跨学科教学? 本章结合这三类学习环境开放性不断增强的跨学科教学场景,分别呈现基于学校课堂、学校英语社团的项目化学习、馆校合作的物理跨学科学习项目的教学实施。

第六章 课堂教学

本章案例
光的反射——物理学科融入语文、历史，培育跨文化素养

第一环节 设计思考

环节一 设计缘由

近年来，我国中小学教育领域对于全球素养中的跨文化素养培育愈加重视。教师不仅重视本学科的知识与技能，更关注多学科交叉教学下，聚焦于文化视域的内在意识与态度培养。素养涵盖知识、能力、态度及价值观，全球素养中的"跨文化素养"指的是知识、情感、技能在跨文化交际中的综合表现，态度和意识是其核心内容。我国中小学教育领域所关注的"跨文化素养"教育，更倾向于培育以中华文化为主体意识、以本国文化为基础的跨文化交流能力。2016年，"国际理解"被列为中国学生核心素养"责任担当"的内容之一，跨文化能力已经成为现代青年的基本能力；跨文化学习及跨文化比较有助于中国青年在广阔的古今中外大格局中去解读中华历史，涵养青年的文化自信。

环节二 跨学科探索的优势

物理科学的研究思想和学科成果融入生活的方方面面，亦体现于各地、各国文化象征品（建筑、雕塑等）之中。因此，物理学科具备了同时提高学生学科知识及文化素养的可能性。但现行教学检验手段以"解题"为主，物理课堂教

学仍多以学科知识为教学设计重点,很少从跨文化素养出发,构建适合文化探究的物理课堂。研究者试以"文化"为物理课堂教学的主要线索,创造跨物理、语文及历史的跨学科学习机会,建设"光的反射"主题下的跨文化学习情境。兼容学科学习与文化思考的学习方式,既能帮助学生理解和掌握物理知识,又能将理论知识实践化、应用化,更能全面提升学生的文化素养与学习兴趣,一举三得。

第二环节 跨学科教学设计

环节一 教学设计概要

- 课名:光的反射与文化意识
- 设计者:冯彦颖(上海外国语大学附属浦东外国语学校)
- 课时:3课时
- 适用年级:高中一年级
- 跨学科教学目标设计依据:

表 6.1 设计依据

依据来源	具体解析
《普通高中物理课程标准(2017年版2020年修订)》	对于物理教学的整体期望可概括为"情景化""实践化"与"综合化",与跨学科教学的实践条件相符。在跨学科情景中对光学知识的探讨,符合普通高中物理课程标准中对课程目标的界定,包括:正确认识科学的本质,学习运用物理知识解释自然现象、解决社会文化背景下的实际问题;培养科学探究意识,通过观察发现问题、提出合理猜想与假设,使用不同方法和手段分析、处理信息,尝试给出符合科学依据的解释结果;创造主动与他人合作、尊重他人的学习氛围,认识科学、技术与社会之间的关系。

续 表

依据来源	具 体 解 析
《普通高中语文课程标准（2017年版2020年修订）》	在实践中培养语言文字运用能力，通过阅读、表达、交流等实践方式积累言语经验，促进方法、习惯及情感、态度与价值观的综合发展。
《普通高中历史课程标准（2017年版2020年修订）》	培养唯物史观和家国情怀，增强对国家富强、人民幸福的情感，以及对国家的高度认同感、归属感、责任感和使命感。

◆ 跨学科教学目标：

① 在社会文化环境中巩固反射率等光学概念，感受物理知识的广泛性与重要性。

② 从光学的角度对各国文化象征品（建筑、雕塑等）进行分析，增强在社会生活中的物理问题探究意识，感受文化的多样性，理解并认同中华优秀传统文化。

③ 通过学术写作练习及交流分享，初步掌握物理学科视角下的观点表达，学会使用网络、书籍等途径检索并汇总有用信息，提升学术交流的意愿与能力。

◆ 教学材料选取及分析：

选取物理高一年级《光的反射》教学内容。课程的研究核心为物理原理，学习形式跨语文学科，通过博物馆参观、文献查阅等课外学习活动，进行"文物和光"主题学术写作，需要运用语文学科中的文献调查及文本写作能力；学习内容跨历史学科，需要运用历史学科知识分析文物背后的时代背景，探讨光学现象背后的历史意义。

◆ 教学前准备：

① 教学设计思路：遵循"教育素材——文化角度——问题引导"的设计思路，先选取适合进行跨学科及跨文化教学的教育素材，再挖掘有关科学发展的中西方文化比较角度，最后设计贯穿教育过程的具体问题，用明确的教学线索

引导学生连续深入探索中外文化异同之处。

② 课程教学线索：以"光与文化有什么关联？"作为核心问题，贯穿于课堂内外的课程教学，以描述和比较"光的反射"现象作为学科知识及文化素养的交叉点，引出跨文化研究，引导学生思考相同的反射规律在不同文化下，在建筑与雕像领域中的选择和应用。

环节二　教学过程

任务一　问题引导

第一课时　阶梯式问题引导，引起物理中的文化意识思考

"光与文化有什么关联？"作为贯穿课程的核心问题，在第一课时首次被抛出。高一学生已通过初中学习掌握了基本的光学知识及光的传播规律，本课时中的阶梯式问题组（表6.2）是一系列有向性强、循序渐进的层进式连环提问。学生在本课时中，通过检索、阅读网络及书籍信息，自主勾勒物理文化情境，有助于理解课程核心问题及教学意图，有效提升课堂教学效率。

表6.2　课前预习问题

序号	课程核心问题的拆分表述	设　计　意　图
1	在日常生活、自然界、艺术领域、科技领域中，有哪些光的反射现象？	由身边熟悉的事物出发，逐渐过渡至需要查阅了解的领域，感知光的反射在当今社会中的广泛应用。
2	在中华民族的悠久历史中，有哪些与反射现象相关的文物？它们与我国文化有什么关联？	聚焦中华文明，引导建立学科与具象文化——文物——之间的联系，找寻光学知识在文化领域的运用。
3	外国有无相似之物？有无相应文化关联？从光的反射角度来看，与中华民族有哪些相似和不同之处？	拓展外国文化，发散了解相同光学知识在不同文化中各领域的表现，并与我国文化做比较分析。

任务二 组织讨论

第二课时 组织案例讨论,对比不同文化意识的异同之处

学生于第一课时完成检索资料及问题回答后,教师于第二课时之前搜集并汇总学生反馈,以中华文物为主要考量对象,选出中外对比明显的合适切入点引入课堂教学。本研究选取"中外塑像"作为课堂讨论对象,以"中国鎏金塑像及外国石膏雕塑"作为第二课时的课堂案例进行分组讨论,引导学生从"物质的反光特性与文化关联"的角度,对比分析金和石膏这两种材质在不同国家的选择原因及其相关文化内涵。

由于有第一课时中的大量资料检索准备,学生在进行当场讨论之前,已对相应文化情景有了一定的心理预期及文化背景储备。因此,该案例的现场讨论也是学生的阶段性学习成果的展现环节。经过各组的讨论补充,最终从"物理特性"和"文化表征"两方面得出中外塑像的对比结论(表6.3)。

表6.3 课堂讨论结果记录表

	中国鎏金塑像	外国石膏雕塑
物理特性	金稀有,密度高,可获得平整的光滑表面,且颜色鲜艳独特。 用金镀面,可获得高反射率,达成较好的镜面反射效果,形成亮光、强调色泽的造型效果。	石膏成本低,密度低,表面平整,光滑度低于金,颜色纯净洁白。 用石膏塑像,可降低表面反射率,达成漫反射效果,形成哑光、强调线条的造型效果。
文化表征	金色闪耀非常直观。 稀有金属增强了塑像庄严肃穆之感,表达中国古代人民对塑像的崇敬之意。	哑光白色的雕像低调内敛,凸显了人物的纪念感、展示性或意向性(如天使)。 普通的材质本身并不凸显人物,仅强调其形态或意态,呈现圣洁无瑕之感。

任务三 作业设计

第三课时 设计综合性作业,汇聚中华文化意识在历史文物中的多种表现

在完成第二课时的课堂案例讨论后,研究者以具有总结性和延展性的学术

写作作为第三课时的学习任务,该综合性作业以"文物和光"作为写作主题,以中国博物馆内的中外文物作为研究主体,聚焦反射、折射及其他更多光学知识在各国文化,尤其是中华文化中的融合,巩固学生的跨文化意识,鼓励学生进行范围更广、程度更深的跨文化比较。汇总学生所选文物如下(表6.4)。

表6.4 课后作业所涉中外文物汇总表

序号	主要光学知识	文物名称	文物所在博物馆
1	镜面反射、透镜折射	铜镀金反射望远镜	故宫博物院
2	镜面反射、透镜折射	木制六棱形天文望远镜	故宫博物院
3	镜面反射、透镜折射	绿漆木制描金花望远镜	故宫博物院
4	透镜折射	小电影机	故宫博物院
5	光的反射、折射、吸收	雍正款蓝色透明玻璃八棱瓶	故宫博物院
6	光的直线传播原理	日晷	故宫博物院
7	镜面反射、漫反射	"见日之光"镜	上海博物馆
8	反射率	开元通宝	上海博物馆
9	反射率	鎏金铜大日遍照佛像	上海博物馆
10	光源	三国青釉堆塑灯	上海博物馆
11	光的反射和折射	北宋钧窑玫瑰红釉鼓式洗	上海博物馆
12	颜色原理	粉彩蝠桃纹瓶	上海博物馆
13	晶石光学现象	银鎏金嵌宝镶松鹿绶带鸟牡丹纹玉饰霞帔坠	上海博物馆
14	小孔成像	浙江海宁皮影人	上海博物馆
15	色光与空间立体感	清代叶欣探梅图卷	上海博物馆
16	漫反射	玉璧	上海市历史博物馆

续　表

序号	主要光学知识	文物名称	文物所在博物馆
17	折射率	南北朝青釉瓷罐	上海市历史博物馆
18	金属漆光学原理	百子大礼轿	上海市历史博物馆
19	镜面反射	明代仿汉代铜镜	上海市历史博物馆
20	镜面反射	上海1930年海派风格家具镜	上海市历史博物馆
21	透镜折射	放大镜	上海市历史博物馆
22	透镜折射	清代眼镜	上海市历史博物馆
23	光的反射和折射	明代双筒望远镜	上海市历史博物馆
24	发光二极管	液晶显示器	上海市历史博物馆
25	镜面反射、透镜折射	上海犹太难民摄影	上海市历史博物馆
26	透镜折射	徐汇中学教具光学透镜仪	上海市历史博物馆

通过线上及线下观览博物馆,学生检索、选取出大量和光学知识相关的中外文物,进一步扩大了跨文化分析范围。以下摘选了三篇学生跨文化学术论文作业片段。

（1）鎏金鎏银铜竹节熏炉（图6.1）

这件熏炉为青铜质地,通体鎏金鎏银。熏炉的底座和竹柄上透雕着蟠龙纹,底色鎏银,龙身鎏金。从同时出土的"阳信家"刻铭的铜器分析,加之历史文献的记载,我国自古就有熏香的习俗,此炉是西汉皇家未央宫的生活用器,建元五年（前136年）,汉武帝将其赏赐给姐姐阳信长公主。与古代货币相似,古代贵重物品多在表面鎏金或银,为什么在这么多的材料中,都选择了金和银呢？我认为,这是因为金与银的反光率较高,也较为稀有,用在物品表面可让人主观意识更觉贵重,更能体现物品

第六章　课堂教学　123

主人的身份与地位,用在货币上则能够让人直观看出它与其他东西有着极大的不同,从而让货币拥有了可信度。

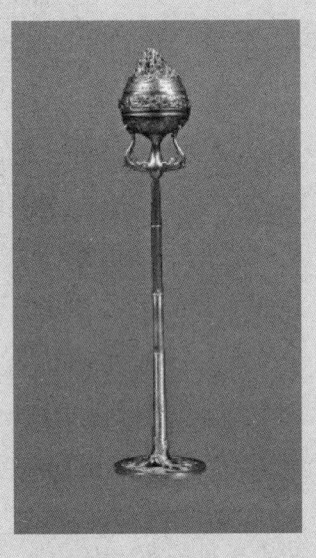

图 6.1　鎏金鎏银铜竹节熏炉(源自官网)　　图 6.2　百子大礼轿(学生自摄)

(2) 百子大礼轿(图 6.2)

即使是在动荡的抗战时期,也仍无法阻挡民间艺术的发展,其中有代表性的便是如今成为上海博物馆镇馆之宝的百子大礼轿,在灯光的照耀下显得金碧辉煌。我的父亲是一位家装设计师,生活中免不了会与颜色打交道。所以看到其金灿灿的表面,我不由得想到:为何在灯光下大礼轿会有如此效果呢?这其实是所用的朱金漆所导致的。金色漆属于高光漆,其折射率高。根据斯涅耳定律,在实际使用过程中由于光的全反射而产生强反光,给人的眼睛带来伤害。因此在展柜中打在大轿上的灯光偏暗,整体上给人柔和但不失端庄的感觉。在20世纪初,浙江人周清澄在上海开设"物华号"贳器店,并聘请了10个象山木雕工人自1927

年开始制作,到1936年才完成了这件作品。百子大礼轿所代表的,是一代手工匠人十年磨一剑的精神,是他们持之以恒、日复一日地努力才造就了一件又一件的艺术品。它留给我们的,是值得称赞并传承的匠人精神。

(3)"见日之光"青铜镜(图6.3)

这件西汉的青铜镜出土于汉朝海昏侯的墓地,收藏于上海博物馆,上面刻有"见日之光,天下大明",也因此得名为"见日之光"。这件文物是一个特殊的透镜,正面微凹,不仅能照人,当阳光或平行光束照射在镜面时,镜面的反射投影像会呈现与镜背相同的纹饰和铭文,因此这面镜子又名"透光镜"。北宋著名科学家沈括的著作《梦溪笔谈·器用》中这样描述透光镜的原理:"以谓铸时薄处先冷,唯背文上差厚,后冷而铜缩多。"现代科学家与考古学家研究了透光镜的剖面,发现镜子背面的花纹和图案在镜子内部的厚薄分布并不相同。透光镜的主要材料为铜,铜汁的不同冷却速率使镜面产生了肉眼几乎无法察觉的、与镜背纹饰相对应的不同程度的凸起。镜面研磨加工过程中,会使镜面产生极其微小的特

图6.3 "见日之光"青铜镜(学生自摄)

殊弹性形变,这会使光线产生不同的曲率。曲率是几何体不平坦程度的一种衡量,曲率越大,表示曲线的弯曲程度越大。透光镜对应镜背无纹饰处的镜面曲率半径较小,有纹饰处镜面曲率半径较大。当平行光照射到镜面时,曲率比较大的地方反射光较分散,投影较暗;曲率比较小的地方反射光较集中,相比较于周围曲率更大的镜面反射光,投影就更亮。由此,西汉透光镜原理实则为一个曲率的微小差异,镜面在光的照射下,不同的曲率所反射的光集中和分散的程度也不一样,因而造成镜背花纹的透光现象。

中国古人对于光学知识的掌握远不及现今社会,然而古代人民依然创造出了连现代科学家都无法完全复制的文物,可见其独具匠心。透光镜的做工精妙,集古代劳动人民动手能力与智慧于一体。不仅如此,中国古代还有"山光悦鸟性,潭影空人心"等绝妙的诗句来描写光,可见光学应用不仅提升了古人的生活感受,更孕育出了独特的中华人文素养。

这三篇作业延续课堂中的跨文化比较方法,从"物理特性"入手,展开叙述其分析对象背后的"文化表征",巩固物理与文化相结合的思考模式,加深并延展了课堂教育效果。三篇文章所选的分析对象各有不同:第一篇围绕鎏金鎏银熏炉,在课堂探讨的基础上做了较为细致的理论完善,并横向拓展说明了全球货币"金"属性的必要性;第二篇围绕礼轿,在对镀金物原理分析的基础上,延伸至对中国古代手工镀金文化象征品的分析,并引发对中国工匠的精神认同;第三篇围绕铜镜,在对镜面反射原理的分析基础上,进一步促发了对中华文化的思考。此类学术写作既强化了物理知识的实际运用,更锻炼了常规作业无法提升的思维广度与深度,将学科知识学习与素养培育有效融合。

第三环节 跨学科教学设计难点分析

从培育跨文化素养的角度进行教学,是互利师生的最佳教育选择。学生和教师既是现代社会的参与者,也是中华文明千年后的传承者,更是全球文化融合背景下的未来文明创造者。基于此三重身份,师生在设计与实践教学活动时,更能脱离学科限定的教与学的框架,转而从"我应该如何认识世界"的角度调动全面认知,反复思考三重身份下的个人价值定位,客观审视不同文化与人类文明发展之间的联系。这不仅利于学生提升学科能力和文化理解力,还能促使师生开拓远超学科范围的文化视野,更能帮助师生直观感受教与学的意义,有益于提高学生的学习动力和教师的职业认同感。

难点一 如何选取适用于跨学科跨文化实践研究的理科教育素材

首先,理科教育素材应易于观察且具有较强的应用性。光学原理广泛运用于材料工程、航天科技、人文艺术等各个社会领域,能够有效体现学科价值,感受物理学发展对现代社会生活的重要性,符合普通高中物理课程标准的要求。"光的反射"现象作为可直观感受的物理现象,方便高中生在中学课堂内直接观察感知,降低了跨学科教学的硬件要求难度。

其次,教育素材应具备文化场景下的讨论空间。作为不同学科知识及文化素养的交叉点,教育素材所在的文化场景可以帮助学生"入境"跨学科及跨文化学习,帮助教师清晰定位教育切入口,帮助学生找到学习及研究的重心,提升课堂教学的条理性及有效性。

难点二　理科教师如何进行跨学科教学认知调整

首先，理科教师应主动走出学科教学的"舒适区"，打破"理科教学与文化无关"的认知壁垒，从文化传承者和文明创造者的角度建立物理知识与文化间的联系。教师需要挖掘出学科知识与文化的交叉点，设计有效、合适的文化导向问题，为学生的跨文化学习做好构建及引领工作。

其次，教学应利用好社会教育资源，适度"让"出教师角色，帮助学生了解学校和课堂以外的知识来源。让博物馆中的文物代替平面照片，向学生展示文化的真实色泽；让文献中的历史考证代替一段口述，向学生阐述文明的演变历程；让新闻中的采访报道代替一个观点，向学生呈现文化观点的多样可能，培养其自我学习习惯有助于提升其终身学习能力。

最后，应考虑连贯性，要以全局的眼光设计贯穿初高中的阶梯式教学。以本研究为例，光学贯穿上海的初高中物理学习：初二第一学期的光线模型、光的反射与折射现象等，均与高中所学斯涅尔定律、全内反射等规律有着明确的因果关系。那么，是否可以在初中及高中光学教学中设计同样的问题探讨？不同年段、不同能力的初高中学生的回答会有怎样的区别？关联知识点的教学活动设计应做怎样的呼应考虑？有太多的连贯性思考是在本次实践研究中无法回答的，可在后续实践中尝试及总结。

参考文献

[1] 赵婀娜.今天,为何要提"核心素养"(深聚焦)[EB/OL].人民日报,2016-10-13[2023-04-04]. http://edu.people.com.cn/n1/2016/1013/c1006-28773930.html.

[2] Byram, M. Teaching and Assessing Intercultural Communicative Competence[M]. Clevedon: Multilingual Matters, 1997.

[3] 胡娟.跨文化,这个能力不能缺[EB/OL].光明日报,2020-12-22[2023-04-04]. http://edu.people.com.cn/n1/2020/1222/c1053-31975001.html.

第七章 项目化学习

本章案例
中国传统文化英语剧——英语学科融入语文、艺术育文化意识学习能力

第一环节 设计思考

环节一 设计缘由

文化是高中英语与语文学科核心素养的重要组成部分。《普通高中英语课程标准（2017年版2020年修订）》四大学科核心素养之一"文化意识"，即指学生在全球化背景下表现出的跨文化认知、态度和行为取向；文化意识的培育有助于学生增强国家认同和家国情怀，坚定文化自信，树立人类命运共同体意识。《普通高中语文课程标准（2017年版2020年修订）》四大学科核心素养之一"文化传承与理解"，指的是学生继承和弘扬中华优秀传统文化、革命文化、社会主义先进文化，理解和借鉴不同民族和地区的文化，拓展文化视野，增强文化自觉，提升文化自信。

这两个和文化紧密相关的英语、语文学科核心素养既指向了文化自信，也指向了沟通合作和文化理解。《普通高中课程方案（2017年版2020年修订）》提出三个培养目标，其中"具有自主发展能力和沟通合作能力"这一培养目标指出，学生能与人和谐相处，学会交流与合作，具备全球化时代所需要的交往能力，尊重和理解文化的多样性，具有开放意识和国际视野。

环节二 跨学科探索的优势

近年来,全国已有不少英语学科融入语文学科开展文化意识、文化传承与理解等素养培育的尝试。如一些学校举办了用英语讲述中华文化的活动,旨在激发学生的文化认同感,提升学生的英语表现能力、英语学习兴趣。但是很多活动最后都停留在英语词汇和短语等教学上,未能达到弘扬中华文化,提升学生文化自信与理解的目的。传统英语课堂也更加倾向于将英文版中华文化故事的文本作为英语课堂的阅读材料使用,未能发挥文本的最大价值。久而久之,学生也觉得枯燥,最后也未能达到素养目标。

可以说,高中阶段各学科知识体系较为独立、完整,在开展跨学科的时候,如何面对"两张皮"的困扰?新修订的高中课程标准其实给出了解决建议。项目化学习是高中新修订课程标准常提到的教与学方式,如英语、语文、数学、地理、信息技术等学科课程标准提到项目化、项目式、基于项目的学习。当前不少一线的探索也尝试改变传统的课堂教学形态。

项目化学习也是跨学科教学常见的教学载体之一。项目化学习有助于促进学生综合运用多学科知识完成任务,深入理解学科知识独特价值,理解不同学科间的相互联结。相比学科传统的课堂教学,项目化跨学科学习用驱动性问题带动学生学习,在解决问题的过程中进行学科与学科、学科与生活、学科与人的联系与拓展,最后用项目成果的形式以公开化的方式呈现出来。因而,跨学科项目化学习可以在相对较短的课时、课堂内完成,也可能覆盖不短的课时、跨越课内外的学习,从而与基于传统课堂的跨学科教学有所差异。

并且,已有的跨学科项目化学习实践探索形成了设计逻辑与实践路径,便于一线教师模仿设计和实践。跨学科项目化学习的基本设计逻辑遵循"提出跨学科的真实问题—选取用于问题解决的不同学科视野—综合探索解决问题—整合形成跨学科成果和新理解"的过程。跨学科项目化学习有组合、递进、冲突三种基本实践原型。组合型是通过将跨学科问题分解成不同学科中的独立的子问题，分别对这些子问题加以理解、探索、解决，再整合这些独立学科的成果，总和为跨学科项目成果。递进型是按照问题解决的逻辑，分解子问题，在每个子问题解决中，都综合运用到学科知识，会有以某一个学科为主、另一科为辅的情况，通过这样的学科整合形成跨学科成果。冲突型不是拆解问题，而是首先直面问题，提出不同学科视角下的解决方案，这些方案有互补、冲突的部分，此时进行学科整合，形成跨学科成果。

此外，语言教学中，包括语文和英语教学，教育戏剧得到较为广泛的运用。教育戏剧具有去中心化的特点，将教师的权力下放，允许学习者探讨生活中的重要问题。这符合伯恩斯坦（Bernstein，B.）提出的"整合法则"（integrated code）的边界——没有什么知识中心，却在学校学习与外在世界之间做了一个很好的链接，促使相关性、真实性学习的发生，并不止于对学校，更是对世界提出复杂的问题。并且给学生自我管理、自我约束的机会，一起创造艺术和一起创造学习的项目。整合法则的意思直指跨学科：每个学科的独特性消失；把注意力聚焦在每个学科深层的结构，而不是停留在肤浅的结构；影响教学法的方向，较少把注意放在获取知识的状态，更侧重于强调知识是如何创造的；在教学关系中强调创造知识的多种方法。戏剧给学生学习提供了一系列的体验：学生经历剧本创作、表演、讨论的全过程，同时，戏剧不同于体育项目，并没有对团队成员间的关系给出固定的规则，给参与者提供了协商讨论甚至改变的机会——鼓励个人表达、建立个人自信、强化创新、鼓励沟通。

因此，本章尝试利用跨学科项目化学习的优势，融合英语、语文及艺术学科（教育戏剧），丰富英语教学的形式，让学生既能学习英语知识，又能用有趣的形式演绎中国传统文化故事，并在项目化学习中提升他们的文化理解、沟通合作的能力。

第二环节　跨学科教学设计

环节一　教学设计概要

◆ 项目名称：中国传统文化英语剧项目化学习

◆ 设计者：魏朝晖（华东师范大学第二附属中学附属初级中学）

◆ 课时：16周（社团：选取了三个班级24名学生，分成三个小组，准备进行为期16周的探究）

◆ 适用年级：预备年级、初一年级

◆ 跨学科教学目标设计依据：

1. 学科依据

表7.1　学科依据

依据来源	依 据 内 容
《义务教育语文课程标准（2022年版）》	文化自信：学生认同中华文化，对中华文化的生命力有坚定信心。
《义务教育英语课程标准（2022年版）》	文化意识：指对中外文化的理解和对优秀文化的鉴赏，是学生在新时代表现出的跨文化认知、态度和行为选择。学习能力：指积极运用和主动调适英语学习策略、拓展英语学习渠道、努力提升英语学习效率的意识和能力。
《义务教育艺术课程标准（2022年版）》	艺术表现：在艺术活动中创造艺术形象、表达思想感情、展现艺术美感的实践能力。创意实践：综合运用多学科知识，紧密联系现实生活，进行艺术创新和实际应用的能力。文化理解：对特定文化情境中艺术作品人文内涵的感悟、领会、阐释能力；该素养的培育，有助于学生形成正确的历史观、民族观、国家观、文化观，尊重文化多样性，增强文化自信。

2. 项目类型依据

夏雪梅提出三种跨学科项目化学习的实践原型，分别是组合型、递进型和冲突型。基于本研究的特点，选择了递进型作为本次跨学科项目化学习的框架。

3. 项目探究的问题

主问题:"中学生应该如何在使用英语演绎中国传统文化故事的过程中,提升自己的英语表现能力呢?"并分为三个子问题:"如何确定中华文化表演主题并选材?""如何翻译剧本使其贴合英语表达习惯?""如何表演?如何用英语演绎中国传统文化故事?在表演中使用何种英语语音语调?"三个子问题的解决分别运用语文、艺术与英语这些主学科知识。

◆ 项目整体设计思路:

```
用英语演绎中国     ┌─ 入项活动:破冰游戏,认识彼此无实物表演及角色塑造
传统文化故事  ────┤
                 ├─ 子问题1:如何确定中华文化表演主题并选材?(语文)
                 │
                 ├─ 子问题2:如何翻译剧本使其贴合英语表达习惯?(英语)
                 │
                 ├─ 子问题3:如何表演?如何用英语演绎中国传统文化故事?
                 │   在表演中使用何种英语语音语调?(艺术、英语)
                 │
                 └─ 项目成果:舞台剧表演
```

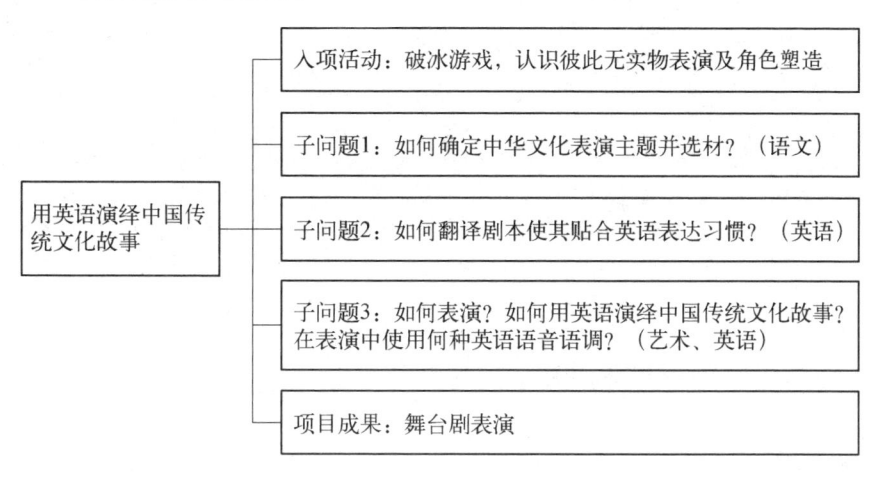

图 7.1 项目化整体设计思路图

◆ 项目化教学目标:

1. 知识与能力目标

表 7.2 知识与能力目标

英　语	语　文	艺　术
(1) 使用地道的语言翻译剧本; (2) 学会结合自己所学编写英文剧本; (3) 掌握英语语音语调; (4) 学习使用跨文化视角赏析中国传统文化故事。	(1) 知道中国传统文化故事并确定选材角度; (2) 理解所选中国传统文化故事的内涵。	掌握戏剧表演技巧,并熟练运用到本项目的表演中。

2. 高阶认知

能够基于所选中国传统文化故事的内涵及所掌握的戏剧表演技巧,创作不偏离主题的英文剧本,并以舞台剧的形式呈现出来。

3. 学习素养

表 7.3　三类学习素养

探究性实践	社会性实践	调控性实践
(1) 在选取中华文化故事时,学会分析不同故事所呈现的文化特征; (2) 学会在选取表演材料时找出故事中的艺术特征; (3) 学会在阅读作品时体会每一个角色的感情; (4) 尝试在理解每个角色感情的过程中将自己本人代入,活灵活现地将每一个角色表演出来。	(1) 能够进行小组合作,小组自行分配剧本改编、翻译任务; (2) 乐于接受小组成员的点评,互相点评对方的表演并提出指导性的建议,互相进步、互相成长。	(1) 能够按计划有序地完成项目安排; (2) 能够在发现自身问题时及时想办法解决问题; (3) 能够在发现同伴问题时及时指出并互相促进提高。

环节二　项目实施过程

流程一　项目准备

① 与本年级英语备课组老师展开教研,商讨活动方案,结合所选中华文化故事、戏剧表演要素及英语表演要求确定教学目标、教学计划与教学内容。

② 为了活动开展的效率,本项目选取了七年级三个班共 24 名学生。学生的学习水平均差不多。

③ 按照三个子问题分别设计与三个学科相关的活动,以推进每个学科问题的解决,并服务于项目成果产出。

④ 按照教学目标和教学计划开展项目,并在项目实施过程中收集过程性材料,记录学生的成长变化。

流程二　入项活动

(1) 破冰游戏,了解戏剧表演。

初上舞台的学生往往因为心有杂念而紧张,从而表现出手足无措、语无伦次、面红耳赤、呼吸困难、满头大汗等不正常的状态。因此,前两节课,我们设计破冰活动让学生了解本项目最后需要产出的成果。第一节课上,本人带领学生进行无实物表演及角色塑造,让学生学会如何进入表演状态。

小组讨论:如何快速进入表演状态,如何做出表演时需要的动作神态,如何进行角色扮演?

图 7.2　学生在进行破冰游戏——无实物表演及角色塑造

学生心得分享:活动主题有吸引力;改编剧本、设计情节有难度;用英语演绎中华文化故事有难度、有挑战性;活动很有意义,也具有学习价值。

(2) 提出驱动性问题。

如何将英语、语文、艺术学科结合在一起?

如何改编适合本项目的剧本?

选择什么样的服装、道具进行项目展示?

如何增强舞台表现力?

（3）明确每个学生的任务，为接下来确定表演作品、剧本改编及角色分配做准备。

（4）教师抛出问题，引导学生选择剧本，学会表演、团队合作。

（5）教师提供支架。

学生先前有过语文课本剧的表演经历，但是从未有过用英语演绎中华文化故事的经历。对于这一项目，学生可能会感到困难、挑战巨大。因此，教师在这个过程中先给出支架，方便学生开展下一步的活动。可以提供如下问题：

我熟悉哪些中国传统文化故事？

我对戏剧表演有多少了解？

在此次学习中，我有哪些知识不足？哪些是我的长处？

我该如何改编剧本？

我的小组该如何进行角色分配？

用英语演绎中国传统文化故事有哪些意义？

为了用英语将中国传统文化故事演好，我需要学习哪些知识？

（6）入项活动总结。

在完成两个课时的入项活动之后，学生对表演非常感兴趣，热情高涨。他们乐于在课堂中探索如何将这个戏演好，如何将剧本改编、翻译好。这也体现了戏剧表演的益处之一，即戏剧可以帮助学生投入学习中，为各科的学习提供意义和"真实生活"的语境。

除此之外，学生还对选取哪个中华传统文化故事进行演绎，以及该如何选材进行了激烈的讨论。学生对于选材的慎重体现了他们对于如何选择一个优秀的作品来演绎中华文化非常重视。学生也表达出希望可以把故事讲好，并做好一名中华文化传播使者的希望。

最后，学生还表达出在这个项目中学到更多知识的愿望。除了本项目最重要的演绎中华文化故事的能力以外，学生还希望在阅读赏析、戏剧表演、英文翻译、英语语音语调这几个方面取得进步。

流程三　问题解决

子问题1　如何确定中华文化表演主题并选材？（语文）

举行完入项活动以后，学生对于接下来要完成的项目有了大致的了解。那么项目进展到了第一个难关：如何选取合适的剧本进行演绎？为了帮助学生开好头，教师需要在第一节课带学生捋清项目脉络，即缩小选材范围。中华文化故事多，需要从中找到一个适合中学生表演的绝非易事。因此，在第一节课全班同学经过激烈讨论，最终定下了十六个主题：圆桌文化、革命故事、饮食文化、歌曲戏剧、神话故事、成语故事、服饰、方言、民族文化、汉字演变、《论语》《三字经》、唐诗、宋词、元曲、《诗经》。在本节课结束后，以班级为单位分成三个小组，每个小组八名同学。并给学生布置了一个课后作业，找出这十六个主题下比较具有代表性的1~2个故事。

图7.3　同学们讨论选取何种主题

第二节课，各小组将本组找到的符合主题的传统文化故事上报。教师汇总后交由学生自主讨论选择想要表演的主题及故事。最后定下"成语故事""汉字演变"及"《诗经》"三个主题。定下表演主题以后,学生分小组在上一周课后作业所收集到的传统文化故事中选择一个作为自己的表演故事。最后,A 组选择了"成语故事"中的《草船借箭》,B 组选择了"《诗经》"中的《来自远古的歌谣》,C 组选择了"汉字演变"中的《档案馆里的故事》。

图 7.4　学生在确定自己的表演故事

第三节课,学生开始改编中文剧本。由于需要表演的故事已经确定,学生也找到了合适的故事版本,接下来需要做的就是改编故事,使其成为可以进行戏剧表演的剧本。为了能够高效地写好剧本,学生自己在小组内部进行了分工,确定好每个学生需要完成的内容,并在规定的时间节点上交。第一版先完成中文剧本,将中文剧本定下来以后再分配角色。经过一周的准备,同学们交上了自己的中文剧本初稿并定下了角色分配。经过第三节课的讨论,定下了中文剧本的终稿。

通过三节课的学习与探究,学生开始进入项目准备状态。在这个过程中,学生充分利用了自己的语文学科素养——赏析鉴赏作品及汉语写作能力。在这个过程中,学生体会到英文戏剧的编排也需要借助语文学习素养的帮助才能达成。学生对子问题 1 的探索不仅帮助他们了解了中国传统文化故事,也激发了他们的探索求知欲和团队合作精神。

图 7.5　故事角色分配

演出人员
管理员：唐苏江
篆书：唐熙雯
隶书：金泽宇
甲骨文：胡皓然
行书：邱子涵
草书：张润峤
楷书：曾凡轩
旁白：汪君怡

子问题 2　如何翻译剧本使其贴合英语表达习惯？（英语）

在定下中文剧本以后，学生需要做的是将中文剧本翻译成英文。最大的难题便是如何翻译。因参与本次项目的学生均为初一学生，他们的英语学习水平、翻译水平还不高；且在初中教学中，教师基本不会在授课过程中教授翻译技巧。因此，本项目教学活动在学生翻译剧本之前先将学生的中文剧本收上来，并给学生布置课后作业——上交第一稿英文剧本。

在针对子问题 2 的第二课时教学中，教师在上课过程中将学生的剧本翻译进行点评，提出存在的问题。第一，学生对词性不熟。汉语对词性的强调不如英文，很多同学用中文的思维去翻译，导致在翻译过程中需要使用动词的部分使用了名词。第二，学生在翻译的过程中没有关注单词的具体英英释义，只关注词典中的中文翻译，很多词不适合用在剧本中，不符合角色所处的情境。因此，在该节课中，教师教授学生如何正确使用词典。除了看单词的中文翻译以外，还需要关注单词的词性及英英释义。英英释义是这一环中最重要的信息，它决定学生在翻译时是否使用了正确的词汇或短语。第三，英文翻译时涉及很多从句。从句是汉语中所没有的，大部分初一学生的英语语法基础不能够支撑

第七章　项目化学习

他们写出从句。因此,在这个过程中,教师和学生说可以不使用从句,都用简单句来翻译剧本。

除了学生现阶段的英语学习水平以外,教师还需考虑听众情况。因为本项目最后产出的形式是英语舞台剧,观众为我校六、七年级的学生,他们的词汇量及英语综合能力还需要加强。如果学生的剧本中有太多生词或难句,听众也难以从剧中获取信息,这样就难以达到用英语传播中华文化的目的。考虑到以上问题,项目教师决定调整学生的剧本翻译方式和要求,以契合学生的英语学习水平及观众的英语能力。在接下来的一次课程中,教师给学生的剧本翻译做了具体的要求:少用从句,多用简单句;少用超出中考考纲的单词及搭配,以照顾观众的英语学习情况。最后,经过一个月的修改,学生最终定出了剧本的英文终稿。以下选取部分进行展示。(备注:学生撰写的剧本中,允许口语化表达,使个别句子便于舞台表演。)

剧本1 《档案馆里的故事》

引入:

旁白:The characters used in every work of calligraphy in the calligraphic archive have always caused a storm of controversy. And when such controversy breaks out the person in charge of the works rushes to give his opinions. When this happens, how can there not be a catastrophic row?

上半段:

旁白:The manager, who was confused, heard the fierce quarrel in the archives, woke up suddenly and rushed to the archives. When she opened the door of the archives, she was stunned. The font inside is angrily making their own "remarks". They are fighting for the title of "the font most". The administrator can see this situation.

管理员(有点急躁)：You calm down, peaceful competition, vote, not good?

甲骨文(十分不服气)：Oh. This title must belong to me! What are you guys doing here? I am your ancestor, the oldest text found in China. How dare you not give me this title?

小篆(抱胸)：You are only thousands of years earlier than me, I am not easy to bully. I am the first unified and promoted writing in Chinese history.

隶书：Just a small seal script. My official script is the strongest. I am not like small seal script you sometimes write lines against the blood, but the reverse pen into a smooth pen, writing up but much faster and easier. After all, I am an important bridge connecting the younger generation of regular script and other fonts. Without me, how could we have now simple simplified characters?

小篆(有些阴阳怪气)：What's the use of even that? This font line is more round, and now the seal of the painting and calligraphy works who don't need small seal script?

剧本2 《来自远古的歌谣》

第一幕：旁白出场。

旁白：It is said that there were poetry collecting officials in the Zhou Dynasty. Every spring, they would go deep into the people to collect folk songs by shaking wooden tudors. After sorting out the works that could reflect the joys and hardships of the people, they would be given to the Taishi (the official in charge of music) to write the songs and sing them to the Son of Zhou as a reference for the administration。

第二幕：与老伯的对话。

一位老伯刚刚砍完树，坐在一旁，一边擦着汗，一边喝着水，气喘吁吁。

采诗官走上前去，轻声询问休息着的伐木人："Old man, will you sing me the song you sang while you were chopping?"

老伯抬起头，有些疑惑："Who are you, young man?"

采诗官："Oh, I'm a poetry collector. The Son of Zhou wanted to know about the local conditions and the common people. He has specially sent me and my colleagues to the countryside to gather folk songs people sing, and, after arranging them, hand them over to musicians, who set them to music. They are then sung to the emperor who can adjust his ruling policies in accordance with the contents of the songs."

老伯十分惊讶，连忙摆手："There's no need. No need. How could people like us know anything about songs and music? We just make noises as we work. There's no culture in them. How could they be elegant enough for the ear of the emperor?"

剧本3 《草船借箭》

Act 1

Scene 1

(Shu Han's camp. Liu Bei, Zhuge Liang, Guan Yu, and Zhang Fei are discussing their strategy.)

Liu Bei: We need more arrows to fight against Cao Cao's army. But we don't have enough.

Zhuge Liang: I have a plan. We can borrow arrows from Cao Cao's army.

Guan Yu: How can we do that?

Zhuge Liang: We can use grass boats to cross the river and sneak into Cao Cao's camp at night.

Zhang Fei: Grass boats? That's impossible!

Zhuge Liang: Nothing is impossible if we believe in ourselves. We can make the boats with reeds and grass, and cover them with cowhide.

Liu Bei: It's risky, but we have no choice. Let's do it.

Scene 2

(Cao Cao's camp. Xiahou Dun and Sima Yi are discussing their strategy.)

Xiahou Dun: Our arrows are running out. What should we do?

Sima Yi: We can fake an attack on Shu Han's camp tonight. They will think we are attacking and shoot their arrows at us. We can collect them and use them against them.

Xiahou Dun: Brilliant! Let's do it.

Act 2

Scene 1

(Shu Han's camp. Liu Bei, Zhuge Liang, Guan Yu, and Zhang Fei are preparing the grass boats.)

Liu Bei: Are you sure this will work?

Zhuge Liang: Trust me, my lord.

Guan Yu: I still think it's crazy.

> Zhang Fei: I agree with Guan Yu.
>
> Zhuge Liang: Don't worry, we will succeed.
>
> **Scene 2**
>
> (Cao Cao's camp. Xiahou Dun and Sima Yi are preparing the fake attack.)
>
> Xiahou Dun: Are you sure this will work?
>
> Sima Yi: Trust me, my lord.
>
> Xiahou Dun: I still think it's risky.
>
> Sima Yi: Don't worry, we will succeed.

子问题3 如何表演？如何用英语演绎中国传统文化故事？在表演中使用何种英语语音语调？（艺术、英语）

将剧本定下以后，项目进入排练表演阶段。这一段的任务存在困难，主要原因如下。第一，大部分学生本身缺乏表演经历，不太明白如何将自己与角色相融合，很难表现出剧本中所需要的感情及神态。因此，教师需要多引导学生将自己融入剧本中，去体会剧本中角色的感情，才能够将剧本中所需要的感情表演出来。第二，教师本人为英语教师，对于戏剧表演的理解不如专业教师，很多时候提出的建议不一定有效，有可能无法帮助学生提升他们的戏剧表演状态，难以达到最佳的表演效果。因此，教师本人应该多观看表演视频及戏剧表演指导书籍，丰富自己的理论知识，在需要的时候亲身示范表演给学生看，以帮助学生提高戏剧表演能力。第三，戏剧的表演需要确定表演的背景、演员服装、道具及学生的动作神态和站姿，这些都是非常专业的要素。在没有专业人士指导的情况下，学生与老师均难以给出最终方案。因此，教师组织学生进行头脑风暴，讨论以上要素。

以上涉及的只是表演部分内容。我们的学生之前没有英语戏剧表演经历，只有中文课本剧表演经历。汉语和英语在表达方式上也有些许不同。因此，在熟悉完剧本以后，教师带领学生开始排练。在英语中，按照考纲上面的描述，陈述句、特殊疑问句用降调，反义疑问句、感叹句及一般疑问句用升调。学生在表演过程中遇到了很多问题。学生不确定是否在表演中也需要遵从约定俗成的要求去朗读每一个句子，还是可以根据当时的情境自己去转换。为了解答学生的疑惑，教师找了几个比较知名的英语电影片段供学生观摩鉴赏，让学生着重关注英文电影中每一个演员在说台词时的语音语调及动作神态并做好记录。在电影观摩结束后，学生分享自己的心得体会，发现演员在表演时的动作神态、语音语调并不是按照我们知识点上的要求来，而是跟着当时所处的情境和演员的状态随机改变；甚至是演员的台词也不是合乎语法规范的。通过观摩鉴赏电影作品，学生们总结出，在表演过程中可以适当舍弃一些语言规则及要求，最重要的是将剧本中的信息生动地传达出来给每一个观众，并让观众产生共鸣，引起观众的好奇心。

流程四　项目演练

在剧本定好、人员定好以后，项目进行到了演练过程。"选择谁扮演某个角色？""服装如何定？""道具如何定？""在台上走台形式如何？"等，这些都需要在表演前有个初步的计划。下图便是每个小组在戏剧排练阶段所面临的重要问题。

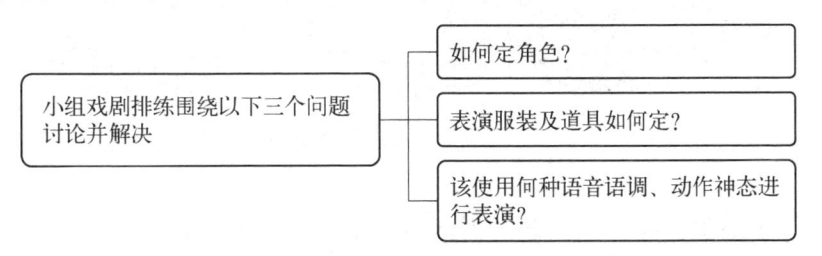

图 7.6　小组戏剧排练面临的主要问题

1. 解决问题：如何定角色

针对创作改编的剧本，学生仔细研读，体会剧本里面人物角色的思想感情并考虑是否适合自己演出。学生经过讨论之后依据自己的个人能力及性格分配好角色。

2. 解决问题：表演服装及道具如何定

二者相比，决定何种着装难度更大。学生在讨论过程中提出了几个着装方案。第一，穿正装进行表演；第二，穿统一颜色的便装进行表演；第三，穿带有中国传统文化特色的服装进行表演。最后大家一致同意穿着带有中国传统文化特色的服装进行表演，以凸显本次项目的主题，从而达到本次项目表演的最佳效果。

图 7.7　同学们在激烈的讨论中

3. 解决问题：使用何种语音语调、动作神态进行表演

由于在编排剧本时涉及一些与书法相关的专业名词，单词较长，发音较难，

学生在表演的时候容易卡壳、忘词。因此,在使用正确的语音语调进行表演之前,学生需要能够读准每一个单词。在这一过程中,教师带领参与表演的学生一对一指导单词发音,对某个较难的单词进行反复朗读,形成记忆,并让学生将音标抄在台词手卡上以防忘记。

本问题的解决涉及四个阶段困难的攻克。首先,教师带领学生矫正读音。学生反复朗诵每一个生词,直至掌握其读音。其次,教师给学生布置课后任务,给学生一周的时间将自己所负责的台词背诵下来。第三,在学生熟记台词以后,教师带领学生使用正确的语音语调及断句。第四,在以上细节都做好之后,教师带领学生头脑风暴,思考需要在表演的过程中加上哪些动作及表演过程中的站位。

在整个过程都完成以后三个小组的同学分别上台表演。表演结束后,三个小组的同学派代表分别对其他两个小组的表演进行点评。

A同学:《草船借箭》在动作神态的表现上非常到位,整个故事表演非常连贯。美中不足的是同学们的配合还不够默契,有演员有抢台词的行为,导致故事有一些缺失。此外,在改编的《草船借箭》剧本中新加入的茶艺也没有较好地表现出来,表演者只是泡了一壶茶作为代替,无法体现中国历史悠久的茶艺文化。

B同学:《来自远古的歌谣》表现稳定,同学们的语音语调都很好,配合也较为默契。但是,同学们的自编曲目没有编完,导致在表演时体现出一种不完整和不连贯。

C同学:《档案馆里的故事》表现让人眼前一亮。同学们将"吵架"淋漓尽致地表现了出来,体现出了针尖对麦芒的感觉,气氛非常紧张,也让台下观众时刻关注着这场斗争的进展,让观众完全融入舞台的表演中,表演结束让人意犹未尽。但是,《档案馆里的故事》在表演中也有美中不足的地方。演员的语音语调需要加强,演员之间的站位也需要改善。

本次跨学科项目化活动是舞台剧展演,因活动时长要求,每个项目只允许展出一个活动。因此,学生对于选择哪个剧本进行参演展开了讨论。最后,按照投票数量,《档案馆里的故事》得票数最高,代表本项目展演出项活动并成为本项目的最佳剧本。

流程五　项目成果验收及评价

(一) 最佳剧本展示

Argument in an Archive

引入:

旁白:The characters used in every work of calligraphy in the calligraphic archive have always caused a storm of controversy. And when such controversy breaks out the person in charge of the works rushes to give his opinions. When this happens, how can there not be a catastrophic row?

上半段:

旁白:The manager, who was confused, heard the fierce quarrel in the archives, woke up suddenly and rushed to the archives. When she opened the door of the archives, she was stunned. The font inside is angrily making their own "remarks". They are fighting for the title of "the font most". The administrator can see this situation.

管理员(有点急躁):You calm down, peaceful competition, vote, OK?"

甲骨文(十分不服气):Oh. This title must belong to me! What are you guys doing here? I am your ancestor, who is the oldest text found in China? How dare you not give me this title?

小篆(抱胸)：You are only thousands of years earlier than me, I am not easy to bully. I am the first unified and promoted writing in Chinese history.

隶书：I, official script, am the strongest. I am not like you, your reverse pen becomes a smooth pen, writing is much faster and easier. After all, I am an important bridge connecting the younger generation of regular script and the older ones. Without me, how could we have the simplified characters now?

小篆(有些阴阳怪气)：What's the use of that? The font line is rounder, and now the seal of the painting and calligraphy works all need my help!

楷书(嘲讽)：Official script: why do you think you are better than me? I am in square and standard shape, easy to identify. The font is capable, clear, easy to learn. Thin and beautiful, easy to be accepted. And I'm the basis of other fonts. I'm the regular font of the contemporary society, aren't I? I should be the strongest.

草书：Regular script, you are so arrogant, I refuse to accept what you said. You are square, and people need to spend a lot of time writing regular script well. Do you know who I am? I'm cursive and I have a strong sense of movement. The most important of all, I can be written fast and I can save people's time.

行书：In fact, I think I should be the strongest one. I am very beautiful and easy for daily use.

过渡段：

管理员(敲着桌子大喊)：Shut up! Listen to me! You just mentioned

your advantages. I admit that you all have your own strengths, but you didn't mention each other's weaknesses, which means...

(管理员还没说完，行书就站起来抢着说)

下半段：

行书：I know what you mean! We're going to argue with those over there, right? Listen carefully, official script. I cannot bear the sight of your artificial appearance. If people write it with a slight deviation, it will look ugly. Calligraphy is an elegant art, and it most avoid your vulgar appearance.

(刚被怼了一通的隶书愤然站起来)

隶书：I am thick and heavy, which means there is movement in silence, and cleverness in clumsiness. Also, look at how messy your strokes are! For example, the Chinese word "是", the normal order of strokes below is horizontal, vertical, horizontal, left-handed, and indented. What about semi-cursive script? Cross, turn, turn, turn, turn, point. Then have a look at your brother, cursive script, which I can't even understand its words. Is that calligraphy?

(还没等隶书坐下来，草书直接发言)

草书：Official script, don't talk nonsense there! I can write easily and smoothly. And look at you! Short, fat, and difficult to write, are you qualified to speak? But of course, regular script is slower than you.

(突然躺枪的楷书瞪大眼睛，皱着眉看草书)

楷书：What are you talking about? I have become very concise, and now I'm the most popular font and learnt by hundreds of thousands of people in China. I am the majesty of calligraphy. Why don't you say oracle bone inscriptions? So complex and abstract.

甲骨文：How could you exist without me? I am your ancestor. I am abstract, but I have achieved a breakthrough in the civilization of writing from 0 to 1. Relying on this achievement, undoubtedly, I am the majesty of calligraphy!

篆书：Well yes! What do you young people know? You are so naive! You can't even tell a circle from a square!

草书：I can't agree with you on this point.

（大伙又吵起来了，场面一度非常混乱）

结尾：

管理员：There are reasons behind all your claims.

（管理员话音未落，四面的字体又吵了起来。管理员猛地关上所有的灯，字体惊呼）

管理员：Fine, there are reasons behind all your claims, but, hear me out! It is true that ancient people of talent after the Wei and Jin dynasties made large-scale creative efforts to make their writings elegant. And their writing styles developed into calligraphy; but—

（管理员突然再次打开了灯）

管理员：Let me finish!

（所有人目瞪口呆）

管理员：When people started to make a liking for pre-Wei and Jin characters, it was because of their own aesthetic judgment, and this appreciation was enhanced when these characters developed into calligraphy.

(管理员深呼吸,顿了顿又说道)

It's getting up late, but you can hear me explain further next time. If anyone creates another disturbance today, I will have to ask him to step into the dark room next door. Bye!

总结:

旁白:Chinese writing, because of its special ideographic nature, has given birth to a unique art form: calligraphy. From the oracle bones to the regular script, each type of calligraphy has its own aesthetic flavor and each has formed a unique style. Calligraphy has transformed Chinese writing from a mere tool of communication into an additional object of aesthetic appreciation. It is a rare bloom in our people's artistic garden.

图 7.8　同学们在精彩的表演中

(二)表演后心得体会及评价

本项目使用成员自评和教师评价。

组员自评 1:在《档案馆里的争吵》这个剧中我扮演了行书这个角色。在我的理解中,行书的风格是十分豪迈的。而这与我平时的风格有所不同。为此,我花了很长时间,依据台词设计了一系列动作,并加入扇子的元素。在本项目的实践中,我不仅更深地了解了中华文明几千年来字体的演变,还收获了许多宝贵的舞台经验,同时也体会到团队合作精神是多么重要。这次演出让我受益匪浅,也让我更期待下一次的表演活动。

组员自评2：我在《档案馆里的争吵》中扮演管理员,词又多又难,背起来很困难。在最后一周里,我们拿所有的空余时间进行排练,让我倍感压力。但能和同学们一起练习,和大家一起讨论如何争吵,交流演技、语调、气势、情感等,又让我感到无比欢快。感受到团队中那几个调皮的、领头的、听话的同学都是如此耀眼和团结。

组员自评3：我在《档案馆里的争吵》担任楷书这一角色。楷书的词不多,但由于表演时需要把那种气势表现出来,我的台词进行了几次大幅度的修改。修改过后仍有很多很长很有难度的单词。第一天集体排练由于诸多原因,我没能到场排练。后面,我积极参与并非常努力背诵台词,遇到不会的单词就查字典,配合同学和老师,练习各种动作和表情。最后演出的时候,我和同学们都很紧张。我们互相鼓励,一遍又一遍地在心中默念台词,最终顺利完成演出。在这次活动中,我收获了很多。其一,我懂得了如何更好地与同学配合；其二,我的英语也得到了进步,当然我也学会了许多与汉字有关的传统文化知识。希望在未来的路上,这些收获都能一直伴我前行。

组员自评4：在这次的 Argument in an Archive 表演中,我悟到了许多。在最初的练习中,我感觉自己的反应能力和适应力还算不错。但是多数都是靠言语来表达自己的想法,不会用具体的肢体动作表现自己的感受,只是以自己的想象力来进行简单的表演动作练习。在表演片段上看到,演员发挥的往往都是即兴创作出的,最自然、最直观的反映。所以在每次表演排练中,我常常会注意以下几点：不要刻意去规定自己和对方的行动；不要规定对方的言语,要给予对方强烈的刺激,这样才可以得到适合的回应；在构思练习的时候不要把情节规定太满;要明确上场后的任务,不要有过多的语言,要用心和形体动作感受自身所塑角色在场上的微妙变化;不要用表演来解释、规定场景,不要用称谓来解释彼此的人物关系。宇宙万物都是一种自然的机制,表演的观念越强,主观意识越强,越容易阻碍这种机制。学会思想减负,化零为整,才能有良好的表演效果。

教师点评:《档案馆里的故事》表演非常成功,无论在角色的动作神态还是语调上都实现了突破,达到了非常好的效果,也抓住了台下观众的眼睛,让所有人都专注地观看表演,等待着下一幕的发生。这体现了同学们将自己融入剧本,把自己代入了剧本中,并透彻地理解了剧本的内容,将每个角色活灵活现地表演出来。

其成功源于以下几个方面。第一,小组成员积极主动,能够在老师规定的时间节点完成老师上一堂课所布置的课后作业并及时上交。与老师的节奏保持一致是本作品能够成果出项的重要因素。第二,小组成员热情好学,非常团结。在本故事中会涉及一些专有名词,而这些词汇的拼写及发音都是非常难的。该小组成员积极好学,及时向老师、同学请教,积极查阅相关资料解决自身困惑。第三,小组成员坚持刻苦。本项目历时较长,需要极大的耐心和坚持。本组同学一直坚持到最后,在排练的过程中也克服了种种困难,才能呈现出这么精彩的表演。第四,表演的成功与同学们对英语、语文、艺术学科的浓厚兴趣分不开。正是对这三门学科的兴趣使得同学们坚持到了出项表演这一天。

第三环节　教学设计难点分析

难点一　如何确定跨学科项目的核心

跨学科项目化学习课程的设计难点,莫过于课程设计核心的确认。在该项目化学习实施前,我们曾经历过一段没有产出的时光:由于脱离了英语、语文和艺术学科核心素养,学生的剧本在不断创作,但创作出来的作品无法体现学科能力和学习素养的成长。

在本校跨学科项目化经验丰富的老师的建议下,我们对课程进行了重新设计:进一步深挖核心素养,最终决定紧紧围绕英语学科"翻译与语音语调"、语文学科"剧本改编及赏析"及艺术学科"表现力"的具体学科素养要点,将项目驱动问题调整为"如何改编一部表现中国汉字演变的剧本,使之尽可能涵盖中国历史上的各种汉字形式,并在台词编写过程中尽量体现出'冲突'这一突破点",并重新实践本次项目化学习课程。

难点二　如何在跨学科项目中帮助学生进入状态

项目化学习是围绕有挑战性的问题展开的深度学习。夏雪梅提到,跨学科学习是在真实问题解决中有意识地学习不同学科的知识并创造性地整合以解决问题、形成成果。对于初中生来说,用英语演绎中华文化故事,即借助中华文化故事,使用英语技能并结合艺术中的表演来完成本项目是有难度的。于是,我们在该项目化学习课程设计中,预设出多样的学习支架,以推动项目化学习的实施,帮助学生进入状态。

在入项活动中,教师通过破冰游戏,带领学生进行无实物表演及角色塑造,引导学生进入表演状态,并告知最后的项目产出形式为舞台剧表演。接下来,教师带领学生进行头脑风暴——如何快速进入表演状态,如何进行表演。此外,教师也对学生提出驱动性问题并提供支架,预设可能会出现的问题。在入项活动结束后,教师发现学生的表演经历较少,英语翻译能力较为薄弱。基于这一学情,项目实施教师极其注重搭建指向学科核心素养的脚手架。在项目初期,带领学生确定表演主题,赏析中华文化故事;带领学生整理所找到的素材,改编成剧本。为了帮助学生更好地翻译所改编的剧本,教师根据学生现阶段的英语词汇量及观众的英语水平,引领学生对剧本采取合理的翻译方式,既考虑了项目成员的英语学习水平,也兼顾了观众对于英语舞台剧的接受程度。此外,为了帮助学生把握住"争吵"这一核心,最后得出所有字体均是中国历史长河中的瑰宝这一结论,教师带领学生学习表演技巧,如观看知名演员的表演视频、知名电视电影片段中争吵的场面,以把握住表演的精髓。

难点三　如何培养学生 21 世纪技能和学习素养

　　跨学科立场也意味着几乎所有的跨学科学习都会需要、也会培育学生的 21 世纪技能和学习素养,如合作、沟通、创造性思维和批判性思维等。因此,在本项目的实施过程中,本人一直在思考如何培育学生的 21 世纪技能和学习素养。在剧本改编及舞台剧排练的过程中,需要学生之间大量的合作及沟通。项目最终能够成功出项展演,与学生之间的磨合是分不开的。通过以上所摘取的学生感想,笔者认为学生的 21 世纪技能和学习素养均在此过程中得到了提升。他们思考问题、解决问题、与人沟通、待人接物的能力都在这半年项目化活动的过程中得到了极大地提升。

　　在项目化学习中,学生不再是简单的知识接受者,他们成为了知识的创造者。他们在自主探究中认识问题的复杂性,在问题解决中深刻理解知识、提升学习能力及团队合作能力。我更加坚定地认为,精心打造项目化学习课程,不仅可以为我们未来的课堂教学模式提供借鉴,也可以提升学生的 21 世纪技能和学习素养。

参考文献

[1] 郭华.项目学习的教育学意义[J].教育科学研究,2018(1).

［2］夏雪梅.跨学科项目化学习：内涵、设计逻辑与实践原型［J］.课程·教材·教法，2022,42(10).

［3］Bernstein, B. Pedagogy, Symbolic Control and Identity：Theory, Research, Critique［M］.Lanham：Rowman & Littlefield Publishers，2000.

第八章　馆校合作

本章案例
探究飞行原理　走近中国航天——物理学科融入思政、语文建思政大课堂

第一环节　设计思考

环节一　设计缘由

2022 年,教育部等十部门印发《全面推进"大思政课"建设的工作方案》,提出突出实践导向,推动思政小课堂与社会大课堂相结合;对新时代推动学校思政课改革创新和思想政治教育创新发展提出了明确要求。首批公布的全国"大思政课"实践教学基地名单,为思政课的大中小学对接及社会实践落实提供了保障。2023 年 2 月,上海市教卫工作党委、市教委等 12 部门联合印发的《上海市"大思政课"建设综合改革试验区实施方案》明确了上海市"以大中小学思政课一体化建设为牵引,完善以政治认同、国家意识、文化自信、人格养成为重点贯穿大中小各学段的内容序列","推进学科德育、课程思政系列化","创新教学方式方法,完善大中小学一体化教研机制,探索形成理论学习与行为实践相融合的综合评价体系"的整体工作思路和更具创新性、实践性、思政性的"校社"融合教育模式。

环节二　跨学科探索的优势

首先,作者所在学校与城市相关场馆具备良好的跨学科教学的硬件基础。

上海外国语大学附属浦东外国语学校（以下简称"浦外"）多年来致力于提升课程资源的本土化育人效果。上海交通大学钱学森图书馆（以下简称"钱馆"）是首批国家"大思政课"实践教学基地、全国爱国主义教育示范基地、国家一级博物馆、首批科学家精神教育基地，是切实推进"大思政课"实践教学走深走实的重要平台。

其次，物理学科具有便于开展实践探究的特点，与钱馆的"中国航天"思政主题相结合，具备跨学科实践的软件条件。本跨学科馆校合作实践项目依托场馆文物资源，对接高中阶段物理学科学习，联动高校专家教授、研究人员与高中学科教师，面向高中生开展主题性、定制化的"大思政课"实践教学，使物理学科教学与思政课同频共振、协同发力，将科学家精神、载人航天精神和国防科技事业的巨大发展成就融入实践育人教学全过程，教育引导学生坚定"四个自信"，立大志、明大德、成大才、担大任，成为堪当民族复兴重任的时代新人。形成以实践探究为主要学习形式，以物理学科为核心学习内容，以理想信念教育为切入点的馆校协同育人路径。

第二环节　跨学科教学设计

环节一　教学设计概要

- 课名：探究飞行原理　走近中国航天
- 设计者：冯彦颖（上海外国语大学附属浦东外国语学校）
- 课时：6课时
- 适用年级：高中一、二年级
- 跨学科教学目标设计依据：

表 8.1　设计依据

依据来源	具 体 解 析
《普通高中物理课程标准(2017年版2020年修订)》	将"经历科学探究过程,体会科学研究方法,养成科学思维习惯,增强创新意识和实践能力"纳入高中物理课程。
《关于加强新时代中小学科学教育工作的意见》	强调科学教育"重在实践","引导学生广泛参与探究实践"的工作原则。
《普通高中思想政治课程标准(2017年版2020年修订)》	培养政治认同和科学精神,坚持中国道路、弘扬中国精神、凝聚中国力量,为实现中华民族伟大复兴的中国梦而奋斗。在认识世界和改造世界的过程中坚持马克思主义的科学世界观和方法论,对个人成长、社会进步、国家发展和人类文明作出正确的价值判断和行为选择。
《普通高中语文课程标准(2017年版2020年修订)》	两个学习任务群:科学与文化论著研习、学术论著专题研讨。旨在引导学生体会和把握科学与文化论著表达的特点,提高阅读、理解科学与文化论著的能力,开阔视野,培养求真求实的科学态度和勇于探索创新的精神;引导有这方面追求的学生阅读学术论著,体验学者发现问题、探索解决问题的路径,以及陈述学术见解的思维过程和表述方式,尝试写作小论文。

◆ 跨学科教学目标:

① 在航天情景中巩固力学知识,感受物理知识的前沿性及对国家科技发展的重要性。

② 体验中国科学家如何发现及解决航天技术问题的过程,增强在社会生活中的物理问题探究意识,感受坚持中国道路、为实现中华民族伟大复兴的中国梦而奋斗的重要意义。

③ 通过学术写作、探究报告及交流分享,初步掌握物理实验报告的写作规范及物理学科视角下的观点表达,学会使用网络、书籍等方式检索并汇总信息,提升学术交流的意愿与能力。

◆ 教学材料选取及分析:

科学探究是物理学科核心素养之一,馆校跨学科协同育人可为学生从理论学习到实践场所提供"做中学、用中学"的全方位保障。研究者对标物理课程标准、融合教学内容,结合课程优势改善探究方式,展现中国科研场景,体悟中国复兴之路的艰辛。由于中国的航空航天科研离不开扎实的力学理论,因此将教学内容的融合点确立在高中力学范围。课程标准中的力学板块结构完整,有助于航空航天方向的物理规律研究。

◆ 教学前准备:

(1) 教学设计思路

遵循"了解钱学森生平——指导实践探究——评比项目成果"的设计思路,引导学生通过参观、讲座、听课、讨论等多种学习方式,从了解中国航天发展史及钱学森生平入手,感知物理学对国家政治发展的重要性,进而运用学术写作能力与物理探究能力,完成实践探究及评比分享,多层次感受物理与政治的跨学科融合。

(2) 课程教学线索

以"中国科学家如何突破'卡脖子'航天技术?"为核心问题,贯穿校内课堂及校外场馆教学,以学术论文和探究报告作为跨学科能力的培养载体,引导学生用思政学科知识理解核心问题,用物理知识分析及解决核心问题,并阐述解决方案。

环节二 教学过程

任务一 明确探究步骤

课时安排:两课时。

在经过入馆参观考察等校外教育环节后,用两个课时明确探究步骤,创建中国发展场景。由高中及邀请的高校导师共同执教第一、二课时,在探究各环节中给予理论支持和实践指导,进一步明确科学探究步骤要点(见表8.2)。

表8.2 科学探究的步骤要点

研究板块	研究步骤	步骤要点
介绍	标题	● 阐述研究问题,可在已知规律的基础上探索更多的未知影响因素,或是对复杂场景规律的探索。 ● 明确自变量、因变量和受控变量。 ● 阐述拟研究的问题与实际生活、生产的联系。
介绍	假设	● 明确研究假定及研究假设。 ● 预测研究结果——线性关系(正比/反比)、定性描述及定量表达式(能应用在实际场景中的、具推广意义和价值的物理规律),展示理论与实践之间的紧密关联。
介绍	原理	● 考虑物理表达模式,包括概述、数据图表、方程式、公式、符号、示意图、有效位数和科学记数法等。 ● 描述关键背景知识,包括理论、概念、术语和已有相似研究等。 ● 绘制原理图,说明或验证逻辑的合理性。
方法	计划	● 选择恰当的研究方法论。 ● 确定各类变量,以及如何在实验中控制、改变、测量它们。 ● 确定数据类型(定性及定量)与数量。 ● 考虑潜在的误差来源和产生数据不确定性的原因。 ● 预估实验中可能出现的问题并给出解决预案。
方法	材料	● 选择适用于本研究的设备和技术。 ● 绘制装备图,说明各材料和设备的用途。 ● 记录设备名称、规格、数量、分辨率等细节。
方法	过程	● 列出清晰有序的研究步骤。 ● 绘制流程图,标注重要操作的名称、次序和次数。 ● 独立完成研究工作。 ● 根据需要调整或扩展过程,详细记录所有修改。
方法	风险	● 进行风险评估,包括辨识、评估及处理含健康、安全和道德原则在内的所有研究风险。 ● 结合以下通识提醒,完善针对本项研究的安全风险预防措施。 ● 在计划和进行研究时,通过照片和视频展示健康和安全研究。 ● 在进行报告研究时,通过照片和视频证明研究伦理。

续 表

研究板块	研究步骤	步 骤 要 点
结果	数据	● 用表格形式记录及整理所有原始数据。 ● 标注变量符号，注意数据有效位数，记录数据单位和不确定度。 ● 重复实验，以确保研究结果可靠，体现于信度及效度分析。
	计算	● 识别数据中的异常值，解释说明是否需要剔除数据。 ● 总结实验数据，包括比率、百分比、平均值等。 ● 生成评判数据，包括误差值、不确定度、精度、准度等。 ● 呈现所有计算过程中所使用的方程式。
	图表	● 用表格和图像的方式整理及展现研究结果。 ● 标注物理术语、图表标签，包括各轴标度、单位、数量级、误差线。 ● 使用工具得到拟合图像。
	观察	● 记录研究过程中的所有观察结果，包括无关变量或意外结果的发现。
论述	分析	● 应在进行数据分析前，将原始数据转换为国际单位。 ● 分析包括误差、不确定度、精度、准度、信度、效度、重复性、有效性、再现性和可靠性等。 ● 描述两个自变量如何定量地关联到数学模型，即列出拟合图像的拟合方程，分析实验结论在实际中的应用方式。
	评估	● 评估现有过程对探究结果的影响，并建议如何降低数据的不确定度，提高精度、准度、信度和效度。 ● 审视现在选择的模型和理论如何使用于理解现象及解释物理概念，描述所选模型及理论的局限性。
	结论	● 用清晰、连贯、简明的文字，阐述关键发现。 ● 明确实验证据是否支持研究假设及其程度，并得出与研究问题相关的、与证据一致的科学论点。 ● 明确实验结论的适用推广途径，解释现有结论的局限性和所需的进一步证据。
	建议	● 改进措施：修改现有研究的建议。 ● 克服局限：指出进一步的研究方向，并制定研究大纲。
其他	致谢	● 明确研究同伴、教师及其他的协助或指导者。 ● 描述以上人员对本研究做出的贡献。
	参考文献	● 引用数量充足的资料，并有自己的适当评价。 ● 使用标准参考文献体系，规范列出所有参考资料和应用文献。

考虑到物理实验教学在安全性、规范性上具有相对优势,本跨学科馆校合作项目采用学生主导、教师辅助的"真"探究形式,让学生化身中国科学家攻克外国在航天技术上的"卡脖子"封锁,独立设计飞行相关规律的探究步骤,用纸张、木片等材料搭建自制机翼,用日常用品(直尺、秒表、视频软件等)来检测实验数据。此教学方式在打破"物理实验只能在实验室中进行""只有具备高科技仪器才能探究物理规律"的认知壁垒的同时,让学生切身体验"勇攀高峰、敢为人先"的新时代科学家精神与"自力更生、艰苦奋斗"的载人航天精神。

任务二　完善探究成果,对照量规交叉评价

在结束第一、二课时的指导后,学生利用假期及周末时间改善探究计划、完成数据采集,在此基础上完成一份完整的"中国航天"主题实践探究成果,包含学术论文和项目探究报告两部分。二者的先后完成保障了学生从感知到体悟的全过程实践,二者亦从不同角度展现了学习表现及研究收获。学术论文可直观反映学生在人生观建设方面的德育成果,探究报告则更能体现学生在物理探究技能上的智育进步。

学术论文围绕"观点准确、结构完整、表达清晰"进行赋分,由学生分小组交叉进行,细化评价量规(见表8.3),偏重新时代科学家精神、载人航天精神与中国科技发展成果的结合,以及钱学森人生观、留洋归国人生选择与自我思考的结合。

表8.3　学术写作的分级评价量规

	文章观点	文章结构	语言表达
1级	罗列了我国科技整体发展成果,有实例描述。	有标题,有作者信息。 有基本分段。	句式结构部分完整,语意较为模糊,引用内容多于个人分析。
2级	罗列了我国科技整体发展成果,有较为直白的比较/联系,有实例描述及结论。	有准确的标题,有作者信息。 有基本分段。 有小标题和/或摘要。	句式结构基本完整,语意基本清晰,引用内容与个人分析基本持平。

续 表

	文章观点	文章结构	语言表达
3级	罗列了我国科技整体发展成果,有较为具体的比较/联系,有实例描述及结论。	有准确的标题,有作者信息。分段中能大致体现逻辑思路。有较为准确的小标题。有摘要和/或参考文献。	句式结构基本完整,语意基本清晰,个人分析多于引用内容,有少量观点句。
4级	罗列了我国科技整体发展成果,有具体的比较/联系,有实例描述及结论,关联科学家精神等分析。	有准确的标题,有作者信息。分段中能清晰体现逻辑思路。有较为准确的小标题。有摘要和参考文献。	句式结构完整,语意清晰,个人分析多于引用内容,有较多的观点句,引用内容部分支持观点分析。
5级	罗列了我国科技整体发展成果,有具体的比较/联系,有实例描述及结论,关联科学家精神、人生选择思考等。	有准确的标题,有作者信息。分段中能清晰体现逻辑思路。有准确的小标题。有凝练的摘要和参考文献。	句式结构完整,语意清晰,个人分析多于引用内容,有较多的观点句,且引用内容全部支持观点分析。

　　探究报告围绕"详细程度、完整程度和准确程度"进行赋分,由学生小组、高中教师和高校导师共同完成。以"设定研究目标、确定研究方法、获取实验数据、讨论实验结果"划分探究步骤,参照高中物理课程标准制定的"评价任务设计"的步骤三细化评价量规(见表8.4)。

表8.4 探究报告"获取实验数据"步骤的分级评价量规

	表格数据	测量变量	绘制图线	计算过程	结论描述
1级	有直接数据,但单位和有效位数不恰当。	1个因变量;1个自变量;每组改2次条件;共10组数据。	给出图线:每轴标签、刻度、单位。但不准确/不清晰。	尝试使用计算和/或方程分析。	提供实验结果描述。
2级	有直接及间接数据,但单位和有效位数不恰当。	1个因变量;2个自变量;每组改3次条件;每次重复测3遍;共18组数据。	给出清晰准确的图线:每轴标签、刻度、单位。无误差线和最佳拟合线。	使用计算和/或方程分析结果。	提供直接及间接实验结果描述。

续　表

	表格数据	测量变量	绘制图线	计算过程	结论描述
3级	有直接及间接数据。数据单位和有效位数正确。	1个因变量；2个自变量；每组改4次条件；每次重复测3遍；共24组数据。	给出清晰准确的图线：每轴标签、刻度、单位。无误差线/最佳拟合线。	计算中所有使用的方程均准确。	提供较有深度的直接及间接实验结果描述。
4级	有直接、间接数据及汇总统计。数据单位和有效位数正确。	1个因变量；2个自变量；每组改5次条件；每次重复测3遍；共30组数据。	给出清晰准确的图线：每轴标签、刻度、单位、误差线和最佳拟合线。	计算中所有使用的方程均准确、合理。	提供系统且详细的直接及间接实验结果描述。
5级	有直接、间接数据，汇总统计，误差和不确定度。数据单位和有效位数正确。	1个因变量；2个自变量；每组改5次条件；每次重复测5遍；共50组数据。	给出清晰准确的图线：每轴标签、刻度、单位、误差线、最佳拟合线、拟合方程。	计算中所有使用的方程均准确、合理，且能支持复杂的数据分析。	提供系统且详细的直接及间接实验结果描述，以及对其他变量、意外结果的发现。

任务三　搭建分享平台，论坛巩固育人成效

每位学生在实践中的感悟有所不同，对跨学科探究物理规律的反思和对正确人生观的思考，都值得在不同班级和年级学生群体间进行交流和分享。利用"同伴效应"延续及加深思政教育成效，是完成馆校跨学科协同育人全流程后的举措。

搭建跨班级、跨年级的优秀成果分享平台，以论坛的形式循环推进项目育人成效在各年段间的相互带动（见图8.1），可将优秀学术论文集结成册并开展阅读交流会，展示项目探究科学海报并分享跨学科探究学习经验等。用部分学生带动全体学生，用高年级学生引领低年级学生，累积学生内部的思政正能量，持续巩固"留洋归国、立志报国"的人生观，扩大馆校跨学科协同育人的积极影响范围。

图 8.1　2022 学年馆校协同育人优秀成果分享论坛（自摄）

第三环节　跨学科教学设计难点分析

学校在学科教学及教育活动设计上具有经验和优势，而场馆往往掌握着更为广泛的人、物和场地资源。因此，育人目标一致、教学资源互补的学校与场馆，更易达成通力合作的共识，更能促成优质的馆校跨学科协同育人成果。

难点一　如何达成馆校配对

首先，学校应在制定好跨学科教学目标的基础上，主动寻找育人及育能目标一致的场馆。育人目标包括了解国家发展、认同民族复兴、弘扬科学家精神等。育能目标包括提升科学探究能力、提高文学素养、拓展艺术视野等。浦外国际课程班毕业生的预期生涯路径为"高中毕业于国内——大学毕业于国外——工作于国内或国外",因此本校该课程育人重心聚焦于"如何引导学生坚定报效祖国之心"。钱学森有海外留学经历,在面对功名利禄的诱惑和生命威胁时毅然选择了归国报效,他的人生选择理应成为国际课程班学生的人生楷模。馆校协同育人可以加深学生对钱学森人生观的了解及认可,导向馆校共同追求的"崇拜科学脊梁、接力先辈建设"的教育效果。钱学森在航空航天领域有极高建树,该领域知识体系及探究形式与高中物理课程标准相吻合,馆校在"普及物理知识,指导科学探究"的育能功能上也保持一致。综上所述,钱馆是我校物理课程推动课堂改革、提升"大思政课"实践育人成效、建设馆校跨学科育人共同体的理想场所和优质伙伴,可以提升学生的理论知识和实践能力,引导学生在学习生活中体悟科学家精神及载人航天精神,内化于心、外化于形,把个人的理想融入国家和民族事业中,立奉献国家之志,立服务社会之志,在国家和民族的伟大事业中成就闪闪发光的人生。

其次,学校要与场馆共同商定跨学科教学设计和资源规划。馆校应形成长期的共育共识,从目标、流程、方式、资源及评价五个方面确定共育细节,形成集合高中、"大思政课"实践基地及高校三方优势的深度跨学科协同育人路径。在本研究中,育人总目标制定为"巩固核心价值观,坚定报效祖国心",以学校和"大思政课"实践基地为主要教学场地,实施参观、讲座、听课、讨论等多种学习活动,学生在经过充分的实践考察及尝试探究后,最终形成学术论文和项目探究报告作为馆校协同育人成果。双方明确各环节所需资源,共同制定教育成效评价标准。表8.5为2022学年(2022年9月至2023年6月)的协同育人分工表,展示了一次完整的馆校跨学科协同育人全流程计划,展现了校内外教育力量与资源的深度融合可能。

表 8.5　2022 学年物理课程馆校协同育人分工表

学期	月份	高　　中	"大思政课"实践基地
第一学期	9 月	**环节 1：钱学森生平了解** 印发并讲解钱馆提供的资料。校内授课，指导学术论文写作技巧。	**环节 1：钱学森生平了解** 依据馆内现有讲座及教育资源等，提供符合协同育人目标的学习资料。
	10 月	**环节 1：钱学森生平了解** 组织学生参观钱馆，完成"科技与国家发展"主题学术论文写作初稿。	**环节 1：钱学森生平了解** 提供馆内讲座《从人生选择中探索钱学森的成长故事》。
	11 月	**环节 1：钱学森生平了解** 校内授课，指导学生修改并完成学术论文写作终稿。	**环节 1：钱学森生平了解** 商定本年度《高中学术写作评价表》。馆校共同给予学术写作评分。
	12 月	**环节 2：实践探究指导** 校内授课，完成力学章节基础知识教学。	**环节 2：实践探究指导** 筛选本年度实践探究高校指导教师。
第二学期	1 月	**环节 2：实践探究指导** 校内授课，使用《飞行原理》校本双语教材，完成力学章节拓展知识教学。	**环节 2：实践探究指导** 确定本年度实践探究高校指导教师。高中与高校指导教师对接。
	2 月	**环节 2：实践探究指导** 校内授课，使用《高中物理自主实践探究指导》校本教材，完善探究教学。	**环节 2：实践探究指导** 商定本年度《高中物理实践探究评价表》。
	3 月	**环节 2：实践探究指导** 校内授课，指导项目选题及实验设计。组织学生到钱馆进行实践基地研学。	**环节 2：实践探究指导** 提供馆内讲座《钱学森与中国航天事业初创》，安排高校导师面对面指导。
	4 月	**环节 2：实践探究指导** 校内授课，指导改进项目装置，完善实验设计，完成探究报告及海报。	**环节 2：实践探究指导** 提供馆内讲座《共产党员的典范钱学森》，安排高校导师面对面指导。

续　表

学期	月份	高　　中	"大思政课"实践基地
第二学期	5月	环节3：项目成果评比 收集学生项目探究成果：报告及海报。 高中及高校指导教师共同撰写评语。	环节3：项目成果评比 高中及高校指导教师共同撰写评语。 馆校共同给予实践探究评分。
	6月	环节3：项目成果评比 组织《克服困难、理想信念》本学年项目论坛，完成年度项目总结。	环节3：项目成果评比 与高校指导教师一起到校参与论坛。 参与点评、颁奖、寄语等论坛活动。

难点二　如何开展馆校共研

首先，馆校跨学科协同育人过程应符合国家课程标准和核心素养培育目标，应由学校根据场馆资源情况，圈定学科教学范围，确定知识难度及学习形式。物理学科馆校协同育人不能让学生按既定步骤进行虚假探究，要引导学生体验从提问到解决问题的全过程真实探究。相关研究表明，由于教师欠缺"教探究"的过程技能，中国实验教学与中国探究教学存在模糊同化的客观事实。馆校协同育人可联动高校相关专业的师资力量，结合国际课程实践探究的指导经验，探索创建符合新时代中国人才要求的科学教育实施路径。

其次，馆校跨学科协同育人过程应用足、用好"大思政课"实践基地的馆藏文物资源。用文物蕴含的精神力量铸魂育人，是创新学校思想政治教育方式，构筑"大思政课"育人格局，提升课程思政育人成效的现实需要。例如，在钱馆讲座《从人生选择中探索钱学森的成长故事》中，藏品"钱学森在交通大学的应

第八章　馆校合作

用力学笔记"原件(见图8.2)展现了中国科学家严谨治学的态度和专精的学科能力,笔记中的"理论与实践相结合"理念与钱学森"大胆设想、勇于挑战"的"创新"科研成就相一致,与中国科学家"思想爱国、行动归国"的"守正"人生选择相统一,与"以实践探究为主要学习形式"的馆校协同育人模式相呼应。学生们争相观摩钱学森的笔记原件(见图8.3),直观感受科技进步与国家发展间的关联,表达了对建设新中国建设做出巨大贡献的科学家们的崇拜,主动交流对社会主义与共产主义的坚定信仰,为完成"科技与国家发展"主题学术论文写作奠定了良好的认知基础。

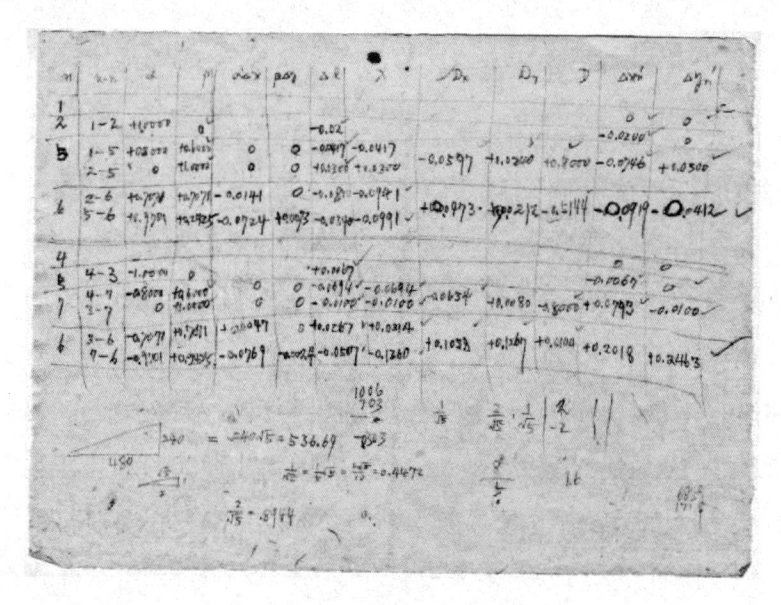

图8.2 钱学森笔记(图片源于钱馆)

馆校跨学科协同育人实践项目有助于摸索将思政教育与科技创新教育融合一体的国际课程本土化教学路径,"大思政课"实践基地、高中和高校共同推进物理学科的德育发展,形成"既走得出去,又走得回来"的中国高中科技创新人才培养优势,致力于选拔和培育更多有志于服务国家重大战略需求且基础学科拔尖的学生,真正实现"为党育人、为国育才"的教育目标。

图 8.3　学生争相观摩笔记原件(自摄)

参考文献

[1] 王晶莹,郭玉英.中美高中物理教师对探究教学认识的比较研究——基于四节探究教学录像的量化分析[J].教育学报,2021,7(1).

第四篇
跨学科教学评价

随着跨学科教学探索的深入,跨学科教学该如何开展教学评价工作?

评价是有系统、有步骤地对学生学习的过程与结果进行量化测量或质性描述,据此判断学生是否达到了期望的教育目标的过程。评价过程一般包括两个部分:第一,测量(measurement),即使用量化工具,如测验(test),让学生在指定时间内完成,来评判学生的表现能得多少分;第二,质性的方式,如通过观察等方式,判断学生的学习情况。因此,教学评价(assessment in teaching)是指教师在课堂上搜集种种量化或质性的评价素材,并将所得到的信息数据加以选择、组织、解读,以助于对学生做出决定或价值判断的过程。对教学工作所做的测量、分析和评定,在教学中分为三种类别:诊断性评价,开始教学之前,对学生的现有知识水平、能力发展的评价;过程性评价,在教学过程中对学生知识掌握、能力发展的比较经常而及时地测评与反馈;总结性评价,在一个大的学习阶段终结的时候,对学生的学习成果进行较正规的考查、考试及其成绩的全面评定。

詹泽慧等提出跨学科教学评价包含三个方面。一,教师需基于教学目标和教学活动构建评价指标体系,涵盖学生跨学科学习过程中的知识与技能运用水平、学习态度、参与程度、思维表现、学习成果等。二,灵活选择适切的评价方式,包括学习性评价(学生的表现性证据)、学习的评价(通过单元测试等对学生的阶段性学习成果进行总结)、学习式评价(引导学生自我评价与反思)等。三,有效组织和管理评价活动的实施过程,确保评价的连续性、适时性和针对性,合理协调多元主体(学校、相关学科教师、学生、价值和社会人士等)参与评价,综合多方反馈全面了解学生的学习成效。

此外,本书认为跨学科教学评价在考虑对学生学的评价之外,也需要对教师设计的跨学科教学材料进行评价,并进一步考虑多学科的融入是否能整体促进教学评价手段的改进。莫瑟(Moser, K.)等提出对跨学科教学材料的评价需要考虑这些指标。

表Ⅲ 莫瑟跨学科教学设计材料的评价指标

项　　目	分值	得分情况
说明设计了哪些表现性任务(含学生任务单)	1	
有相应的测试题目	1	
至少有一个学术要点	1	
评价题目和本教学主题紧密相关	1	
评价和涉及的各学科课标有关	1	
评价标准在学习任务中清楚介绍过	2	
设计材料按时完成	1	
写作规范	1	
总分	9	

因此,本章呈现两个案例。第一个案例"'节'尽所'能''水'与争锋"聚焦跨学科教学设计如何对学生的学习进行系统化评价架构。第二个案例"认识自己"则是道德与法治学科融入心理健康的评价技术,扎实开展多元、多主体评价,体现跨学科教学在教学评价上的优势。

参考文献

[1] 詹泽慧,吕思源,周嘉慧,吴凡.基于新课标的教师跨学科教学素养模型研究[J/OL].现代远距离教育,1-21[2024-12-12]. https：//doi.org/10.13927/j.cnki.yuan.20241108.001.

[2] Moser, K. M., Ivy, J., & Hopper, P. F. Rethinking content teaching at the middle level: An interdisciplinary approach.[J] Middle School Journal,2019,50(2).

第九章　跨学科教学评价系统化架构

> **本章案例**
> "节"尽所"能"　"水"与争锋

第一环节　设计思考

环节一　设计缘由

校园内存在很多浪费水的现象,学生通过调查、分析、归纳,发现绿化类用水和卫生类用水消耗量大,且节约不够、循环利用率较低,其节水的研究具有较大价值。同时,屋顶农场还具有天然的地理位置优势和节能优势(太阳能、风能、雨水资源等)。恰逢六年级劳技课正开设"屋顶农场"专题,学生化身设计工程师,尽可能地利用屋顶农场的现有资源,为其设计了各种节水方案和模型,并通过竞标的方式展示成果,遴选出最优方案。

环节二　跨学科探索的优势

本项目在引导学生开展水资源调查的基础上,以水资源浪费的小实验为切口,激发学生的探究兴趣,在解决现实问题、真实问题的过程中直观体验研究本项目的重要意义。本项目研究不预设范式,学生扮演设计工程师的角色,以小组为单位开展研究,从校园的资源节约出发,层层递进,在共情和质疑中提出了各种真实的问题,最终聚焦于校园屋顶农场节水方案的探究和实物模型的建立。探究过程中，以问题解决为导向，结合各类评价量规和学习支架，经历激发共情、定义问题、创意构想、原型制作、测试迭代、展示评价、反思迁移七个环节，不断深化，形成了包含优化布局、调整灌溉方式和时间、循环利用资源等多种方式的屋顶农场节水方案设计。本项目以地理学科为主线，劳技课为呈现载体，通过数学、科学、生命科学等研究手段，开展跨学科项目化学习综合实践，提升学生发现问题、分析问题、解决问题的能力，通过小组合作探究，培养学生的工程思维、创造性思维、批判性思维、团队协作能力、沟通能力等高阶认知思维与能力，同时，提升学生节约资源的环保意识，发展其人地协调观念，使其形成对社会具有同理心关怀的人文素养。

第二环节　跨学科教学设计

环节一　教学设计概要

- 课名："节"尽所能"水"与争锋
- 设计者：刘广琼（华东师范大学第二附属中学附属初级中学）
- 课时：15课时
- 适用年级：初中低年级
- 跨学科教学目标设计依据：

表 9.1　设计依据

依据来源	具 体 解 析
《义务教育地理课程标准（2022年版）》	人地协调观的培育，有助于学生形成尊重和保护自然、绿色发展等观念。

续 表

依据来源	具 体 解 析
《义务教育劳动课程标准(2022年版)》	劳动能力：能在劳动实践中增强体力，提高智力和创造力，具备完成一定劳动任务所需要的设计能力、操作能力及团队合作能力。
《义务教育科学课程标准(2022年版)》	探究实践：在技术与工程实践过程中，形成科学探究能力、技术与工程实践能力等。
《义务教育数学课程标准(2022年版)》	用数学的眼光观察现实世界，用数学的思维思考现实世界，用数学的语言表达现实世界。
《义务教育生物学课程标准(2022年版)》	涉及"生命观念""探究实践"等素养。教学内容"植物的生活"中涉及植物通过吸收、运输和蒸腾等，参与生物圈中的水循环。

◆ 跨学科教学目标：

1. 概念

① 物质与能量：综合利用屋顶农场的天然优势——太阳能、风能、雨水等资源，将太阳能、风能转化为电能，驱动雨水的灌溉。

② 系统与模型：制作融合收集雨水（废水）、过滤、虹吸等功能于一体的节水模型，深入开展节水模型在各个学科与生产生活中的应用。

③ 结构和功能：根据屋顶农场的节水需求，明确节水模型的基本功能，设计节水模型的主体结构。

图 9.1 跨学科项目的大概念体系

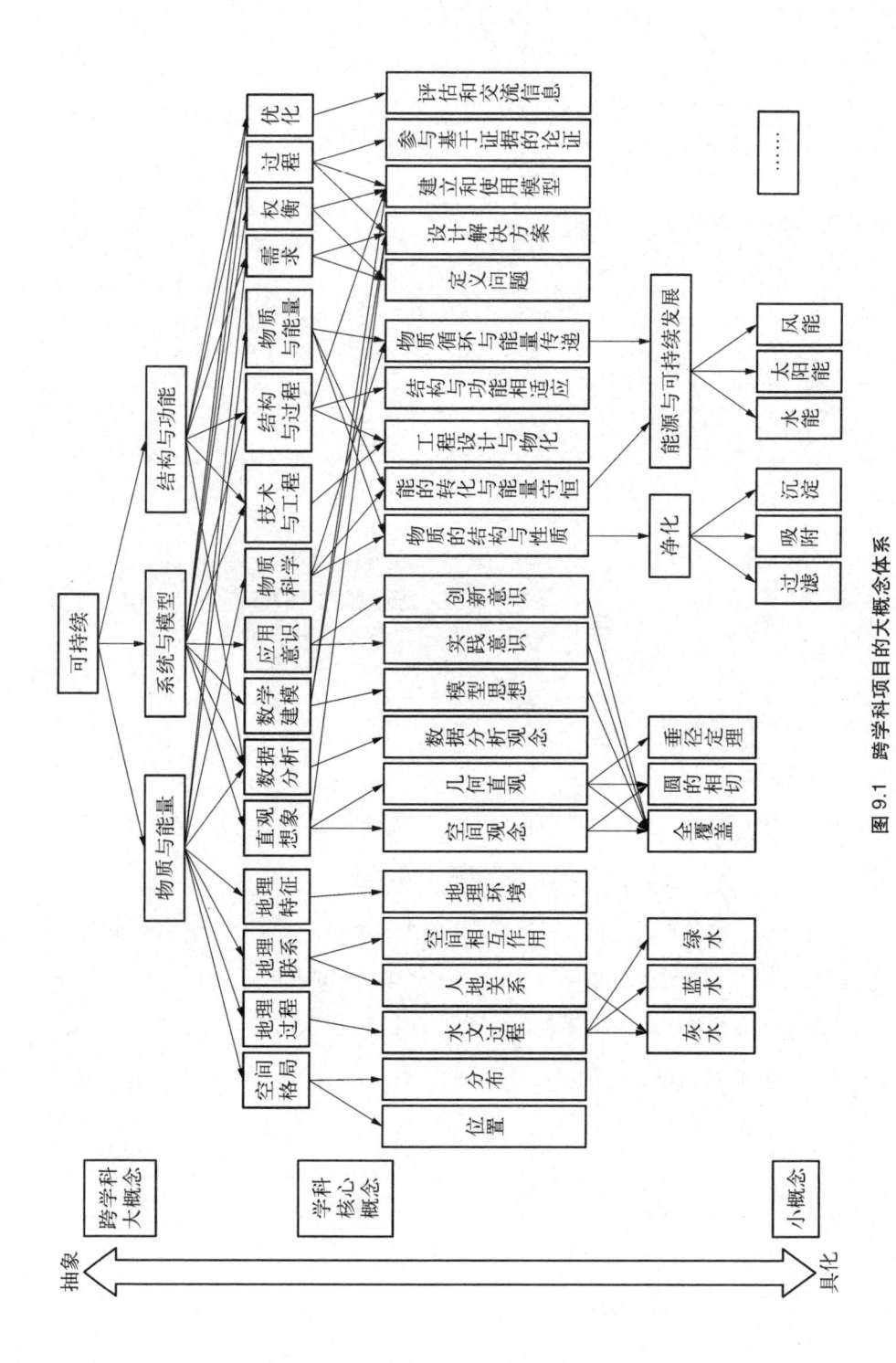

2. 跨学科知识与能力目标

表 9.2　知识与能力目标

环节	准备	入项	创意构想	原型制作	测试	出项(展示评价)	反思
地理	了解我国淡水资源所面临的严峻形式,调研校园内的水资源浪费情况。	通过实地考察,准确识别屋顶农场的地理要素与特征,发展地理实践力。	知道灰水、蓝水等循环用水知识;能综合利用水资源和各种能源,设计科学有效的节水方案,形成地理综合思维。				
	形成节约资源的环保意识和人地协调发展的思想观念,形成对社会具有同理心关怀的人文素养。							
劳动		通过调查发现用户需求,确定设计的要求。	构思方案。	能够用语言、文字或简单图样表达设计意图。			
	能够考虑材料、性能、效益、成本、美观、操作性等因素,基于设计思维,按工程设计流程设计节水方案,并制作具有节水功能的实物模型,形成较强的动手能力。							
科学			知道常用的过滤材料,了解沉淀、吸附、过滤等净水方法的原理,了解能量转化的原理。	学会通过安装过滤装置获取净水的基本方法。		能从节水模型中解释其中的科学现象和过程。	
	通过探究实践,形成科学探究能力,养成科学的态度与责任,形成科学观念和科学思维。							
数学	会用数理统计方法分析与表达实际问题,形成数据意识和应用意识。		学会运用数学建模的思想解决生活中的实际问题,体会用数学的眼光观察现实世界、用数学的思维思考现实世界、用数学的语言表达现实世界。				

续表

环节	准备	入项	创意构想	原型制作	测试	出项(展示评价)	反思
生物学			了解不同植物在不同外部环境下的需水量,形成尊重事实、科学探究的核心素养。				
	会监测土壤含蓄水分的能力,设计科学合理的灌溉模型,形成以问题为导向的科学思维。						

3. 高阶认知

① 调研：调查分析我国淡水资源所面临的严峻形势,以及校园内各用水点的浪费情况与可循环利用情况。调查屋顶农场植物的生活环境与需水情况。

② 系统分析：观察屋顶农场的环境,对影响灌溉用水的各个因素进行系统综合分析。

③ 实验：设计滴水实验,并撰写实验报告,感受节约用水的必要性。

④ 决策：在共情和质疑中提出真实的问题,决定研究方向和解决方案,开展负责任的具体实践活动。

⑤ 创见：在调查研究的基础上,产生有创意的策略,设计不同的节水方案,并创建模型,形成工程思维,提高创新能力和问题解决的能力。

⑥ 问题解决：解决屋顶农场的水资源浪费与利用不充分的实际问题。

4. 学习素养

① 探究性实践：在水资源调研中,能形成科学全面的调查方案,形成客观准确的调查结论。在节水模型设计环节中,能基于现有技术、材料和环境,探究形成有针对性的设计方案。能够批判性地思考与解决问题,基于证据不断反思和优化。

② 社会性实践：团队合作完成节水模型的设计与制作,在小组合作探究

过程中,善于听取他人意见,形成高效合作的能力。会使用媒体和可视化方式进行展示以实现交流的目的,提升语言运用能力和思维能力。

③ 审美性实践:在节水模型的设计和制作过程中,能够考虑产品的外观、形状等因素,获得审美体验。

④ 技术性实践:在节水模型的研究和效果评价中,能运用数理统计方式量化分析研究效果;能较好完成不同灌溉方式的技术实现,会使用不同材料、设备制作节水模型。会使用思维导图、表格等可视化思维工具发散思维,梳理观点。

⑤ 调控性实践:能够专注和坚持、有目的性和计划性地完成各个子项目任务。出项后能复盘反思,并进一步优化和迁移方法。

5. 设计挑战性问题

① 本质问题:如何开展资源(能源)的综合利用,以可控的成本和可推广的模式实现高效节水?

② 驱动性问题:学校内存在很多浪费水的现象,经调查,屋顶农场用水量大,但具有天然的地理位置优势和节能优势。为提升水资源综合利用效率,学校决定就屋顶农场灌溉工程进行改造,现公开招标。你作为一名设计工程师,如何设计一套节水方案(模型),既能充分发挥屋顶农场的资源优势,又可提升其节水效益,从而赢得招标呢?

环节二　教学过程

任务一　调查研究感知节水必要

◆ 项目准备

子问题1:我国淡水资源的现状如何?调查我国的淡水资源现状、水污染情况等,搜集、整理、分析数据,制作统计图表小报。通过数据分析的方法,直观感受我国淡水资源所面临的严峻形势,感知本项目的研究意义。

子问题2:如果水龙头没关紧,1分钟能漏多少水?实践探究:请学生假定漏水情景,设计漏水测量方案,动手实验、记录、计算。通过实例激发共情,揭示节约用水、养成良好节水习惯的重要意义。进一步,请学生将实验结果换算成1天、1月、1年的水量,并与人体维持生命的饮用水需求做对比,直观感受水浪费的严重程度。

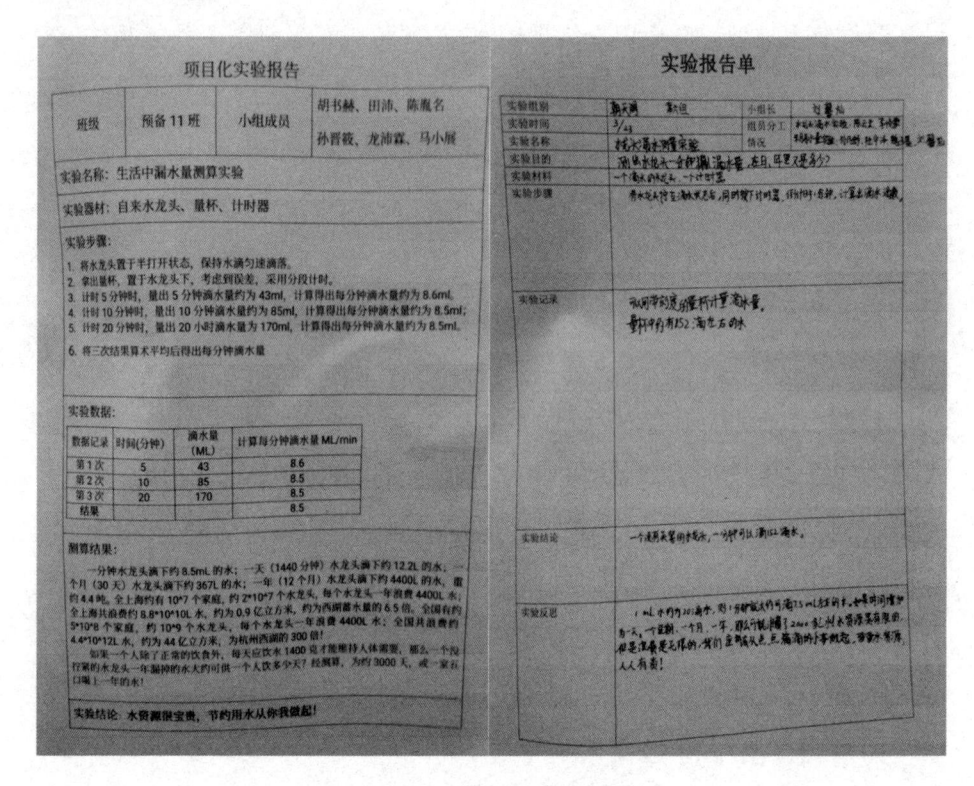

图9.2 漏水实验报告

子问题3:校园内有哪些浪费水的行为?哪些地方需要节约用水?在激发共情的基础上,启发学生以学校为研究对象,调查学校各用水点的浪费行为,对校园中的节水点进行梳理和分类,思索有哪些节约用水的方式,讨论其可执行度、研究的价值等。

图 9.3 学生小组讨论思维导图示例

活动发布后,学生阅读评价量规,明确任务要求,活动结束后,各小组开展自评、互评。

表 9.3 评价量规

主要指标	15分	10分	5分	自评	互评
调查分析	采用了较为科学的调查分析方法,调查分析过程严谨缜密,结果准确完整。	调查分析方法有依据,过程较为科学严谨,得到了较为准确的结论。	调查分析没有方法或者方法不太科学,过程有一定缺项,结果不准确或有重大遗漏。		
枚举分类	枚举较为完整,分类科学,有利于进一步研究。	枚举和分类基本完整,可进一步优化,对下一步研究有一定帮助。	枚举和分类不完整,有明显的缺项或错误,对下一步研究帮助不大。		

任务二　分类归纳，分析需求，定义生成驱动性问题

◆ 入项

根据任务一讨论的“节水”问题，进一步开展如下学生活动。

活动1　梳理清单，逐层提炼，自然生成驱动性问题

学生以小组为单位，对校园众多用水点进行深入调研。下图中的小组不仅列出了各用水地点，还列举了相应的用途、使用人群，并按照清洁度要求对水源进行了分类。

2. 校园中用水的地方

经过调查，我们认为校园中有以下用水的地方:

场所	用途	使用人群
教室/体育馆/教学楼/实验室/图书馆等... 教学用场所	饮用水 洗手 冲厕所 拖地用水 实验室清洗试验设备	老师 学生 保洁人员
食堂	洗菜做饭 刷锅洗餐具 厨房卫生	食堂人员
室外操场/道路/绿化/楼顶苗圃等等	绿化浇灌 道路清洁冲刷 池塘	师生(苗圃) 绿化维护人员 道路清洁人员
宿舍	饮用水 洗澡用水 冲厕所	住宿学生
游泳馆	游泳池 洗澡用水 清洁拖地用水	学生 保洁人员

我们可以从这个角度出发，将用水清洁度要求予以区分如下:

用途	清洁度要求 (1-3，1为最高，3为最低)
饮用水	1
洗菜做饭	2
刷锅洗餐具	2
洗手	2
试验室清洗试验设备	2
游泳池	2
洗澡用水	2
冲厕所	3
拖地用水	3
厨房卫生	3
绿化浇水	3
道路冲洗	3

饮用水不存在重复利用的情况.

剩下的2级清洁度要求的水可以在使用过后储存起来，用在3级清洁度要求的地方. 例如:

洗手的水可以用来冲厕所.

游泳池的水可以用来拖地，绿化浇水或者冲洗道路 等等...

图9.4　校园用水点调研报告示例

但是，各小组的调研报告中所罗列的用水点情况缺乏层次性和逻辑性，对要研究的问题较模糊，且存在不少无用干扰信息，因此教师设计了问题分类清

单(表9.4),帮助各小组进一步理清问题,通过归类、去重、整合、提炼等,使有研究价值的问题慢慢凸显出来。

最后,利用复盘表格(表9.5),帮助各小组进一步提炼,自然生成驱动性问题。

表9.4 问题分类清单

用水类型	用水点	用水量估测	浪费水情况	清洁度要求	节水研究价值
卫生用水					
厨房用水					
饮用水					
绿化用水					
……					

表9.5 复盘表格

我观察了	学校各类用水点的浪费现象。其中,绿化用水和卫生用水使用量较大,水的循环利用不足。
我发现了	这两类节水具有较大的研究价值。其中,屋顶农场不仅可在资源的循环使用上有所突破,还具有天然的地理位置优势和节能优势。
我猜想这可能是因为	屋顶农场未采取相关的节能措施,可能是因为相关节能设备设施建设成本大,资源节省的效益相对较低,同时,节能方法无法得到大范围运用和推广。
因此我觉得要解决的问题是	恰逢劳技课正开设"屋顶农场"专题,我们想先以屋顶农场的节水为例做探究,在此基础上思考:如何设计节水方案,才能充分发挥屋顶农场的资源优势、提升其节水效益呢?

活动2 公开招标,角色扮演,明确定义驱动性问题

活动形式:以招标会的形式发布活动,并与学校签订"合同",营造真实良好的问题研究氛围,激发学生解决问题的内生动力。

学生角色：设计工程师。

驱动性问题：作为一名设计工程师，如何设计一套节水方案（模型），既能充分发挥屋顶农场的资源优势，又能提升其节水效益，赢得招标呢？

项目成果：屋顶农场节水方案及实物模型。

图9.5　招标公告

活动3　实地考察，分析需求，制作AEIOU观察

AEIOU是一种解释观察的探索性分析方法，于1994年由罗宾逊（Robinson）等人提出，最初用于分析数据和建立模型以针对性解决问题。AEIOU框架包括：活动（Activity），记录主要活动及相关行为；环境（Environment），指活动发生所在的所有场景；交互（Interaction），指所有构建人与人或者人与物之间互动的因素；物体（Object），在环境中可与之互动的构成要物；用户（User），提供行为、偏好、需求的使用者。

表9.6　AEIOU观察记录表格

Activities（活动）	全面观察并分析屋顶农场的结构、灌溉设施现状等，积极探索屋顶农场节约用水的有效措施。
Environments（环境）	屋顶农场位于教学楼顶层，四周无遮挡，具有天然的风能和太阳能优势。目前A、B、C楼还有三块地未开发，据了解，有希望建蓄水池。
Interaction（交互）	通过观察、讨论等，分析植物生长需要哪些资源，不同资源之间存在什么关系，是否有优化配置的可能性，从而进一步探索屋顶农场节水可以采取的有效措施。

续 表

Objects （物品）	农作物均为散点式分布,按班级成片种植不同的农作物,每片土地成 U 形或方形布局。
Users （用户）	考虑屋顶农场建设单位和日常维护单位的实际需求,确保节水模型具有推广价值和应用前景。

组织实地考察,让学生亲身体验屋顶农场的真实地理环境,直接观察农作物情况和灌溉现状,使学习体验更加直观、难忘,增强学生的观察力,发展学生的地理实践力。

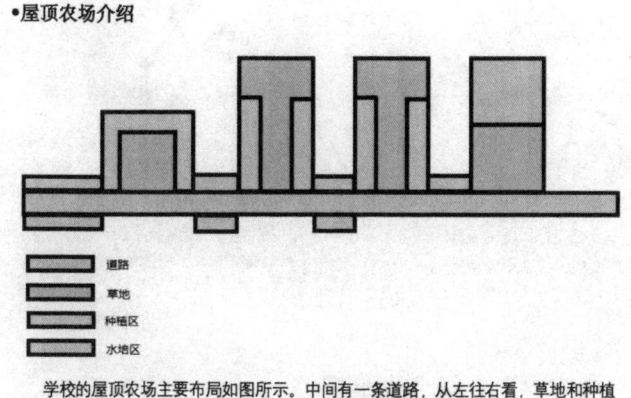

图 9.6　学生现场勘测绘制平面图

活动 4　调研采访,分析提炼,明确节水模型核心问题

学生通过网络调研、采访学校后勤部和屋顶农场外聘公司专业人员,收集节水模型的各项要求,明确设计目标及限制条件,分析提炼出需要解决的核心问题：

① 屋顶农场节水模型设计的目标是什么?

② 屋顶农场节水模型设计的限制条件有什么?

③ 如何使节水方案做到成本低,经济效益大(即节能),可推广性强?

活动发布后,学生阅读用水清单、定义问题、记录表的评价量规,思考如何梳理表达观点,才能逻辑清晰,层次分明,切中痛点。

表9.7 AEIOU观察记录表的评价量规

主要指标	15分	10分	5分	自评	互评
分类梳理	标准科学,类别完整全覆盖,梳理无遗漏。	标准基本无误,类别基本覆盖研究对象,梳理遗漏较少。	标准不科学,有交叉或者明显漏项,类别不全,梳理有遗漏。		
问题定义	问题明确,有针对性和研究价值。	问题较清楚,需进一步细化和研究。	问题不太清楚,需要进一步界定和明确才能继续研究。		
研究记录	有较为详细、有深度、全面的屋顶农场现场的勘察记录,有小组讨论的探究记录,有网络调研的研究记录等。	具有部分、一定深度的屋顶农场现场的勘察记录,有小组讨论的探究记录,有网络调研的研究记录等。	除了教科书或教师提供的资源之外,几乎没有其他的研究记录。		

任务三 探究屋顶农场节水举措

◆ 实施过程

活动1 小组讨论,头脑风暴,生成初阶思维导图

子问题1:不同植物对水的需求有何不同?

子问题2:农作物灌溉的一般方式有哪些?不同喷灌设备的工作原理、节水性能、性价比如何?

子问题3:灌溉水通常有哪些来源?

子问题4:屋顶农场是否存在蓝水、绿水、灰水等循环用水的方案?如何收集它们?产生的效益如何?

子问题5:针对不同来源的灌溉用水,是否需要先行过滤?如何过滤?

以小组为单位,针对上述问题展开讨论。根据讨论结果,分类列举所有可能的节水方法(理论层面或实操层面的各种办法与措施),并对不同节水方法的可执行性、难易度、节水量做出估测和研究价值的分析(可通过量化方式评价),对选定的不同方案做 KWL 表分析。小组讨论形成从不同角度节水的思维导图。

表 9.8 KWL 表示例

K(已了解到的知识)	雨水落到地面后,经过初期的截污、弃流处理;截留雨水中有较大的悬浮物与漂浮物,容易让水泵、排水管等堵塞。	利用喷头可灌溉圆形区域;多个喷头联合可实现更大的覆盖面积。
W(还需了解的知识)	如何收集全校园里的雨水?如何计算需要投入的成本,实现成本最小化?	屋顶的水压,实际喷头可喷洒的半径;喷洒时间和植物所需水量;喷头和引水管等的成本。
L(如何解决:进一步学习)	了解过滤的知识和校园水资源,让雨水变废为宝;提升校园节水效率,努力建设节约用水、全校参与、全校共享的良好氛围。	可采用一个或多个灌溉喷头联合的方式进行灌溉,将灌溉问题转化为用圆形灌溉区域覆盖长方形屋顶农场区域的方式来考虑。
方案评估	可行性(4 分);研究价值(5 分)	可行性(5 分);研究价值(4 分)

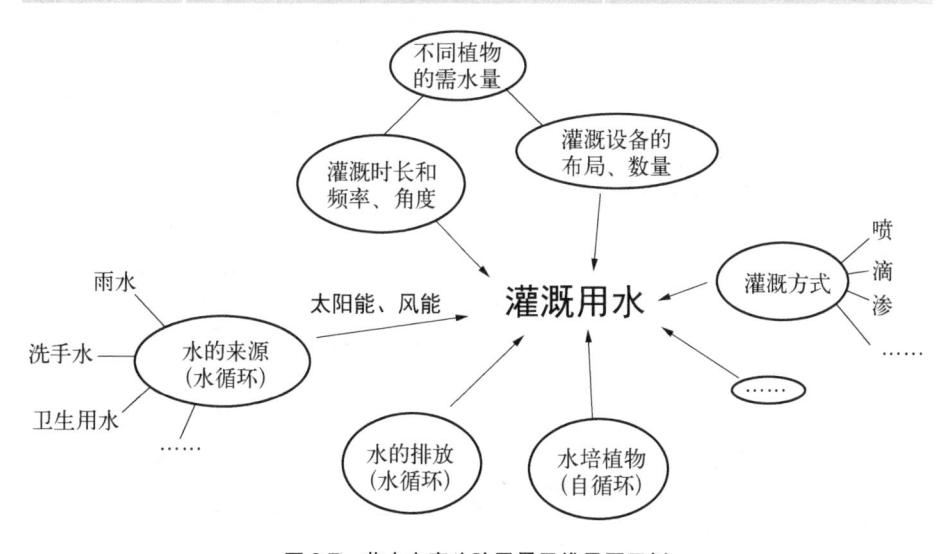

图 9.7 节水方案头脑风暴思维导图示例

小组讨论前,阅读下表,思考如何能全面、清晰、有条理、有针对性地发散思维。

表9.9 关于节水举措的思维导图的评价

主要指标	15分	10分	5分	自评	互评
思维导图	思维导图层级清晰,覆盖全面,分类合理,表达清晰明了。	思维导图绘制基本清晰,有一定逻辑,列举不够全面。	思维导图绘制不清晰,逻辑混乱或者遗漏。		
可行举措	针对问题有可行的举措,方案具体科学,有可行性。	有解决问题的举措,但需要进一步优化,有一定可行性。	解决问题的举措不可行或者无效果,不能很好地解决问题。		

活动2 师生互助,梳理小结,迭代优化思维导图

经过头脑风暴和KWL表分析,在教师的适当引导下,以学生为主体进行小结,明确从"循环用水"和"如何浇灌"两个主要方面进行屋顶农场的节水方案设计。

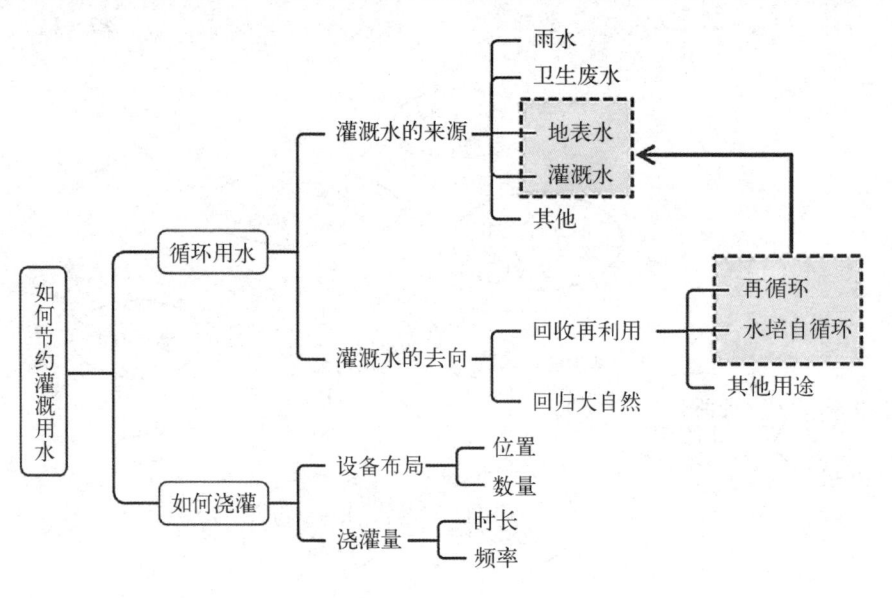

图9.8 节水方案思维导图迭代版

任务四　设计制作节约用水模型

活动1　设计方案,完善图纸

学生根据设计图纸细化设计方案,设计的部分节水模型方案如下。

(1) 以优化灌溉设备布局为代表的节水方案

在不考虑喷头成本的情况下,根据所养殖的植物对水的要求有四种灌溉节水方案。

分类	方案1	方案2	方案3	方案4
植物要求	·植物的生长对水的要求是固定的 ·灌溉太多会影响生长	·植物的生长对水的要求是固定的 ·灌溉太多会影响生长	·植物的生长对水的要求可变 ·灌溉多不会影响生长	·植物的生长对水的要求可变 ·灌溉多不会影响生长
喷头条件	喷头覆盖半径固定r	喷头覆盖半径不固定	喷头覆盖半径固定r	喷头覆盖半径不固定
植物摆放	散点摆放	散点摆放	植物全覆盖	植物全覆盖
喷头数量	·宽度上至少需要喷头数量: $m = \lceil b/2r \rceil$(个) ·长度上至少需要喷头数量: $n = \lceil a/2r \rceil$(个) ·喷头总数: mn(个)	喷头覆盖半径为能够达到植物水要求的最小半径	·宽度上至少需要喷头数量: $m = \lceil b/\sqrt{2}r \rceil$(个) ·长度上至少需要喷头数量: $n = \lceil a/\sqrt{2}r \rceil$(个) ·喷头总数: mn(个)	喷头覆盖半径为能够达到植物水需求的最小半径 ·宽度上至少需要喷头数量: $m = \lceil b/\sqrt{2}x \rceil+1$(个) ·长度上至少需要喷头数量: $n = \lceil a/\sqrt{2}x \rceil+1$(个) ·喷头总数: mn(个)

图9.9　灌溉设备布局的模型探讨示例

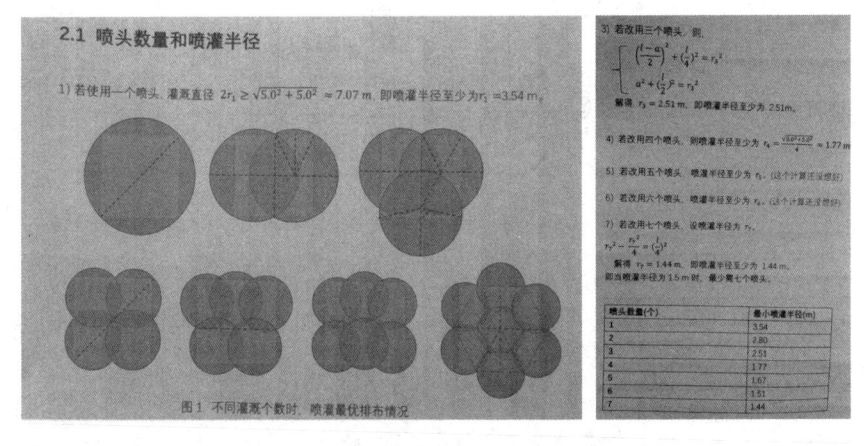

2.1 喷头数量和喷灌半径

1) 若使用一个喷头,灌溉直径 $2r_1 \geq \sqrt{5.0^2 + 5.0^2} \approx 7.07$ m,即喷灌半径至少为 $r_1 \approx 3.54$ m。

3) 若改用三个喷头,例:

$$\left(\frac{r_3-a}{2}\right)^2 + \left(\frac{a}{2}\right)^2 = r_3^2$$
$$a^2 + \left(\frac{1}{2}l\right)^2 = r_3^2$$

解得: $r_3 = 2.51$ m,即喷灌半径至少为 2.51 m。

4) 若改用四个喷头,则喷灌半径至少为 $r_4 = \frac{\sqrt{5.0^2+5.0^2}}{4} \approx 1.77$ m。

5) 若改用五个喷头,喷灌半径至少为 r_5。(这个计算过程很复杂)

6) 若改用六个喷头,喷灌半径至少为 r_6。(这个计算过程很复杂)

7) 若改用七个喷头,设喷灌半径为 r_7。

$$r_7^2 - \frac{r_7^2}{4} = \left(\frac{5}{4}\right)^2$$

解得: $r_7 = 1.44$ m,即喷灌半径为 1.44 m。即当喷灌半径为 1.5 m 时,最少需七个喷头。

喷头数量(个)	最小喷灌半径(m)
1	3.54
2	2.80
3	2.51
4	1.77
5	1.67
6	1.51
7	1.44

图1　不同灌溉个数时,喷灌优化布局情况

图9.10　灌溉设备布局的模型探讨示例

（2）以"雨水收集+利用太阳能"为代表的节水模型设计

表 9.10　实物模型设计方案

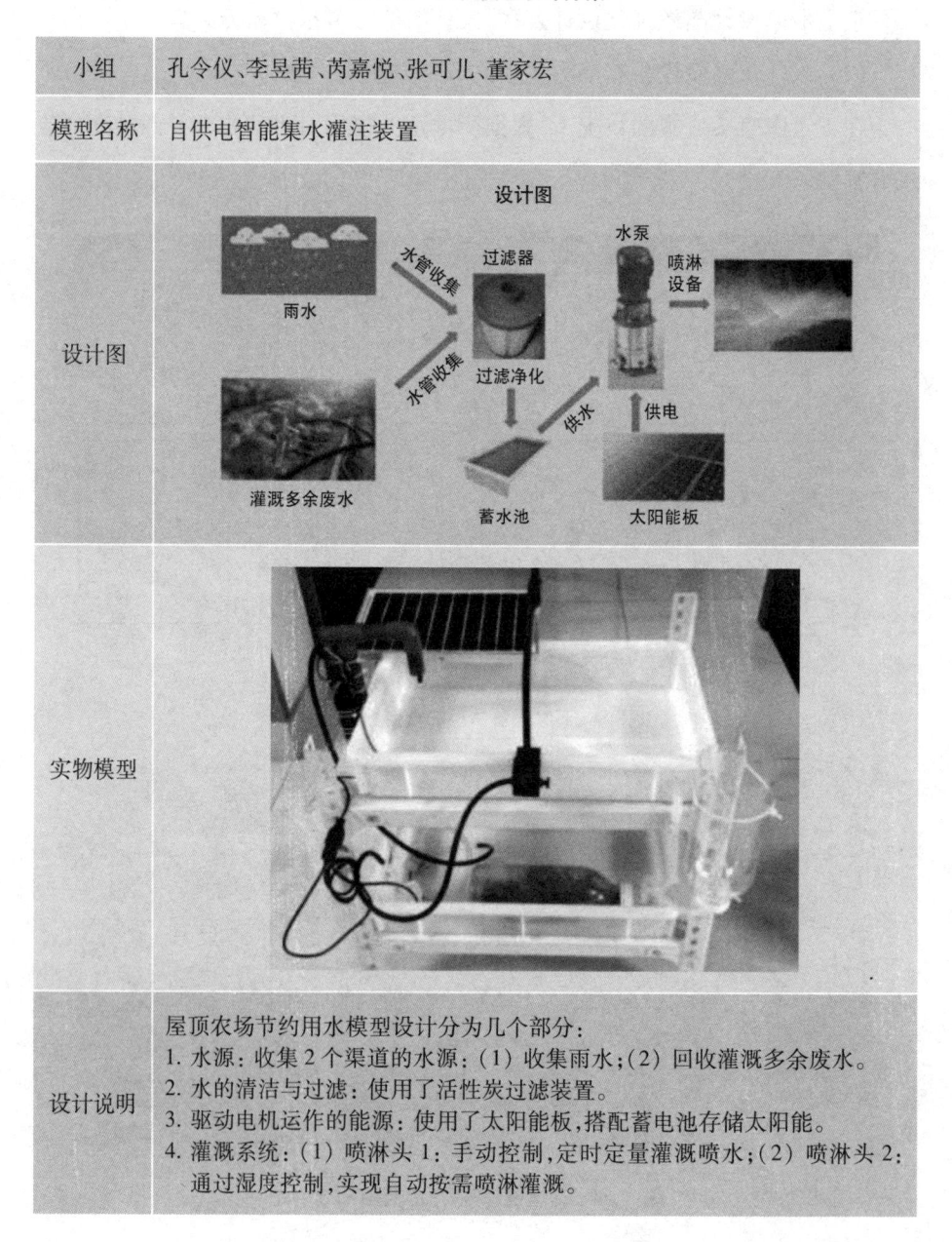

小组	孔令仪、李昱茜、芮嘉悦、张可儿、董家宏
模型名称	自供电智能集水灌注装置
设计图	设计图（雨水→水管收集→过滤器→过滤净化→蓄水池→供水→水泵→供电→太阳能板；喷淋设备；灌溉多余废水→水管收集）
实物模型	
设计说明	屋顶农场节约用水模型设计分为几个部分： 1. 水源：收集 2 个渠道的水源：（1）收集雨水；（2）回收灌溉多余废水。 2. 水的清洁与过滤：使用了活性炭过滤装置。 3. 驱动电机运作的能源：使用了太阳能板，搭配蓄电池存储太阳能。 4. 灌溉系统：（1）喷淋头 1：手动控制，定时定量灌溉喷水；（2）喷淋头 2：通过湿度控制，实现自动按需喷淋灌溉。

（3）以灰水循环利用为代表的节水模型设计

表 9.11　屋顶农场节约用水实物模型设计方案

模型名称	污水收集净化系统
设计图	 （设计图：污水桶 → USB水泵 → 净水器 → 虹吸喷头 → 净水桶）
设计说明	搭建污水收集系统，模拟屋顶农场上流入水沟的污水及教学楼高楼层的生活用水净化后，通入屋顶农场喷灌喷头进行灌溉使用。具体实现过程如下： 1. 准备水桶，收集污水。 2. 将收集的污水使用 USB 供电水泵引入净水器内。 3. 使用净水器过滤，净水器内装沙子、活性炭、过滤棉。 4. 将过滤后的水引入净水蓄水池内。 5. 将浇灌喷头连接至净水蓄水池内，使用虹吸原理出水，对植物进行喷灌。
材料清单	污水蓄水桶、水泵（使用 USB 通电）、充电宝、净水器外壳、虹吸喷头、沙子、活性炭、过滤棉
小组分工	魏子墨：准备污水蓄水桶、水泵（使用 USB 通电）、充电宝。 刘馨灿：准备净水器外壳、虹吸喷头。净水器使用一个 15 升矿泉水桶作为外壳（直径 22 cm，圆柱部分高 30 cm，圆锥部分高 15 cm）。 陆宇泽：准备滤材、沙子，需要能填充净水器 10 cm 高的圆柱部分。 李悦萌：准备滤材、活性炭，需要能填充净水器 10 cm 高的圆柱部分。 孙凡舒：准备滤材、过滤棉，需要能填充净水器 10 cm 高的圆柱部分。 陈云天：准备净水蓄水桶，要求水桶直径稍大于净水器，直径约为 25 到 30 cm，高超过 15 cm。
（可能）遇到的困难及解决方法	1. 净水器在净水后如何将水留下？净水器较沉，如何固定好？ 解决方法：将净水器斜靠在净水桶上，净水桶正好可以将净水器卡住，且净水器出口与净水桶底部有缝隙，水可以流下。 2. 水泵的抽水速度是否能与净水器的过滤速度匹配？ 解决方法：进行实验调试，发现净水器的净化速度较快，由于材料可以吸水，所以水泵的抽水速度可以跟上净水速度。

续 表

| （可能）遇到的困难及解决方法 | 3. 经过实验，发现净水器净水效果并不好，出水有细小颗粒，水呈棕色。
解决方法：重新进行净水器内部材料拼装，在层与层之间添加过滤棉，以防滤材流出，并在净水器底部添加更多的过滤棉。清洗活性炭和沙子，洗去表面浮灰，并减少活性炭和沙子的添加量。 |

活动2 具化方案，制作模型

在设计图的基础上，将设计的节约用水方案制作成实物模型，并在模型制作过程中不断改进设计，提升实物模型的实际使用效果。

学生在设计与制作之前，明确怎样的设计图才是清晰的、完整的，怎样的方案才是科学的、实用的。同时教师引导学生展开小组讨论，一起制定终结性成果评价（见表9.9），让学生明确怎样的成果才是优秀的、达标的，做到怎样的程度才算好。

表9.12 节水方案和模型制作的评价量规

主要指标	15分	10分	5分	自评	互评
数学模型	模型构建科学合理、利于实现、能解决实际问题，具有较高的运用价值。	模型构建较科学、可实现，能有一定运用价值。	模型构建科学合理性不足、不易实现，基本不能解决实际问题，运用价值低。		
方案细化	设计图具有科学性、完整性，标明材料、功能描述清楚；方案具有创新性，可操作性强。	方案能解决问题，但实用性一般；设计图中的简单功能描述不够明晰。	方案没有解决实际问题，或没有设计草图，仅有少量图片或文字描述，不全面。		
制作模型	模型能较好解决真实问题，和设计图高度吻合，有较强的创新性，较为美观。	模型能基本解决真实问题，和设计图比较吻合，但创新性不够。	模型与设计方案差距较大，很难解决真实问题，起效甚微。		

任务五　周密测试节约用水模型

测试是对节水模型设计是否合理、科学、符合要求的必要检验。在明确了测试标准的基础上，各小组开展模型测试活动，发现问题及时整改。最后对测试方案及是否进一步优化展开评价，根据评价结果，不断迭代改进。

活动 1　测试与分析

学生以小组为单位，测试自己设计制作的节水模型，进行数据统计和分析，比较其与理论结果之间存在的差距。

活动 2　交流与优化

开展交互活动，不同小组之间进行讨论，分析模型测试中出现问题的可能原因，对实物模型进行优化改进。

对优化后的模型开展小组自评和互评，客观全面地总结模型的优缺点，明确进一步改进的具体措施。表 9.13 是关于测试迭代的评价量规。

表 9.13　节水方案和模型制作的评价量规

主要指标	15 分	10 分	5 分	自评	互评
测试方案	测试方案科学，可操作性强；评价全面客观，可重复实验。	测试方案较完善，可操作；测试内容存在少量缺失，能基本反映模型实际。	测试方案不够完整，操作性差；模型评价不全面，与客观事实存在差距。		
优化改进	对模型进行测试优化，并根据问题及时对设计方案和草图进行详细修改与标注，改进效果明显。	收集部分数据和问题，设计方案有一定改进，设计图的标注不够详细，仍有改进空间。	有少量或者基本没有改进，没有记录相关问题，设计图改进效果不明显。		

任务六 成果展示,竞标演讲,科学评价节约用水模型

◆ 出项

活动1 撰写标书,真实体验

子问题1:竞标书是什么?

子问题2:节水模型的成本如何?损耗率如何?

子问题3:如何撰写竞标书?

经讨论与查询资料,师生共同设计出竞标书。

表9.14 屋顶农场节水模型竞标标书

日期:_____

主竞标人		成 员		
设计图(注意标注尺寸、文字)				
设计说明				
使用材料				
预算	材料费	名 称	数 量	单 价
	总价		损耗费	
	人工			
	成本最终报价			
时间分配	设计( )天		施工( )天	
我们的优势				

表 9.15　模型成本运算示例

序号	名　称	型　号	数量	单价（元）	总价（元）	使用寿命
1	雨水搜集料斗	500 L	1 个	135	135	>5 年
2	预算定时控制器		1 个	98	98	>5 年
3	水泵	0.85 兆帕	2 台	128	256	>5 年
4	水管	4 分 PVC 管	20 米	1	20	>5 年
5	喷头	可调子弹喷头	8 个	6.5	52	>5 年
6	弯头、三通等辅材	PVC	1 套	20	20	>5 年
7	过滤箱	55 L	1 台	23	23	>5 年
8	防渗膜		30.25 平方米	4.62	140	>5 年
9	安装费用		1	200	200	>5 年
10		总　价			944	

活动 2　成果展示，竞标演讲

每个小组以投标发布会的形式，围绕设计理念、作品原理与细节、成本预

图 9.11　竞标现场

算,以及模型的优势,对节水模型进行展示与竞标。同时,各小组成员对竞标模型进行不记名投票。

活动3　综合评价,竞标遴选

根据之前师生一起制定的成果评价量规,小组展开自评、互评,同时教师予以师评,最终结合过程性评价的等级,综合打分,确定竞标优胜者。

表9.16　成果评价量规

评价指标			小组评价	组间评价	教师评价
	评价等级				
	15分	10分	5分		
功能	能够实现一定的环保功能,贡献价值较大。	理论上能实现环保功能,但模型实现存在缺陷。	理论上无法实现环保功能。			
创新	具有显著的创新性,具有新颖的设计思路或技术应用。	表现出一定的创新性,在设计的细节上有亮点。	没有明显的创新性,仅能完成基本的任务,缺乏独特的设计或技术要点。			
科学	原理科学,现实中易于实现。	原理较科学,实现存在一定的困难。	违背科学原理,模型无法付诸实现。			
成本	具有高性价比。	成本控制良好。	成本较高。			
制作	按照设计制作的模型精良。	能大致按照设计制作,略有瑕疵。	与设计稿差别较大,制作粗糙。			
外观	精致美观。	外观尚可。	外表毛糙难看。			

任务七 举一反三,模型迁移,拓展应用节约用水方法

◆ 反思迁移

活动 1 复盘回顾,项目反思

运用 4F 反思工具,做项目反思,并将所学迁移至其他地方。4F 反思法是团体心理辅导技术,脱胎于英国学者荣格(Roger, G.)提出的"动态循环回顾引导技巧"。"4F"分别指事实(Fact)、感受(Feeling)、发现(Find)、未来(Future),具体对应扑克牌的四种花色。

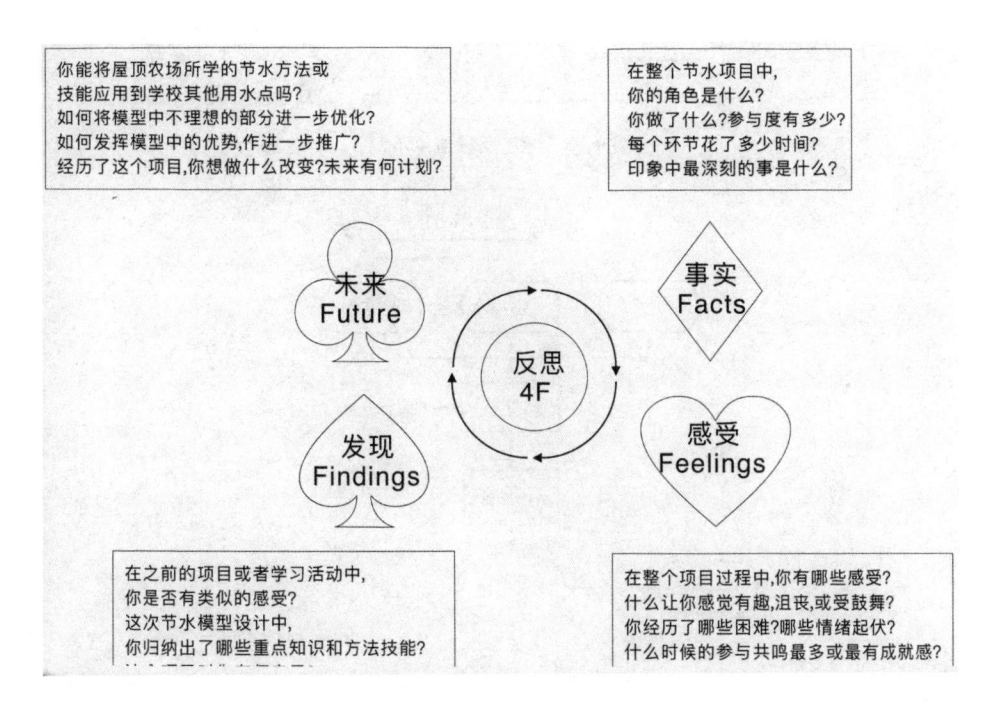

图 9.12 4F 反思工具问题清单

活动 2 模型迁移,拓展应用

根据所学,设计其他用水点的节水方案。下图是学生给出的学校节水方案整体思路。

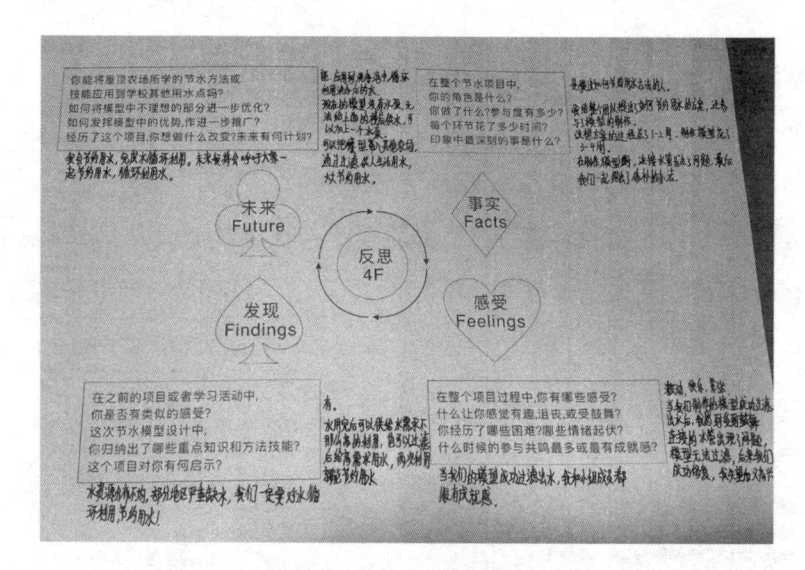

图 9.13 学生反思清单示例

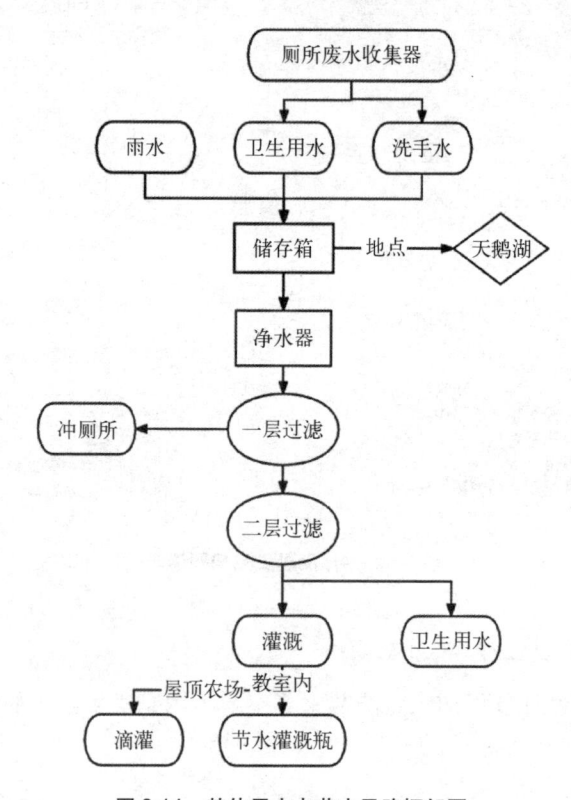

图 9.14 其他用水点节水思路框架图

对反思迁移环节开展小组自评和互评，根据评价结构，进一步迭代改进。

表9.17 关于反思迁移能力的评价量规

主要指标	15分	10分	5分	自评	互评
反思能力	能公正客观、实事求是的进行反思，查找问题准确全面，能指向关键要素。	能积极进行反思，反思问题较为全面，能找出部分关键问题。	开展进行的积极性一般，反思问题不全面，避重就轻或没有效果。		
迁移能力	能把握模型本质，具备较强的知识迁移能力和运用能力。	基本把握模型本质，能在逐步探索中迁移解决类似问题。	较难把握模型本质，在类似问题中不能迁移使用相关模型。		

第三环节 教学设计难点分析

本跨学科教学设计在数学学科中融入语文、道德与法治学科。其中，教学设计中主要考虑了如下几个难点、要点。

难点一 如何搭建学习支架，形成系列项目子成果便于评价

搭建各种学习支架，即支持性学习工具，赋能学生像专家一样解决问题：

① 资源型支架——提供关于淡水资源、灰水、过滤等相关知识的图文、数据、视频等资源，补充、拓展学习认知。

② 活动型支架——提供跨学科情境，将数学统计分析、美术海报设计、设计模型图纸、科学过滤装置设计等学科知识与技能融入实践活动中。

③ 任务型支架——提供问题清单、反思清单、观察记录表、设计方案图表、

思维导图等,将学生发现问题、分析问题、解决问题的过程可视化呈现,帮助学生有逻辑、批判性地解决问题。

④ 评价型支架——提供各种过程性和终结性评价量规,检验学生学习的效果,促进学生自我反思和迭代。

在本项目开展过程中,学生形成系列阶段性子成果(见表9.18),便于开展过程性评价。

表 9.18　阶段性子成果列表

进　　程	制作表现类成果	解释说明类成果
项目准备		统计图表小报 PPT滴水实验的实验报告 校园节水点的思维导图
定义问题(入项)	角色扮演工程师	调研报告 AEIOU 表 复盘表
创意构想		思维导图 KWL 表
原型制作	制作节水模型	实物模型设计图
测试迭代	设计测试模型	
展示评价(出项)	扮演投标竞演	竞标书 成本预算书 视频、PPT交流汇报
反思迁移	迁移模型中的方法到其他节水点	4F 反思图

难点二　如何设置导向性评价量规

本项目为每个任务都设置了具有导向性的评价量规,有一些是教师带领学生一起制定的,学生在探究过程中进行自适应评价,知道"怎样的模型才是实现了目标要求""做到什么程度才算好",从而做到"心中有数",完成好每一阶段的任务和作品。比如在"设计制作节水模型"这个任务时,通过讨论,学生和教师达成一致意见,即设计方案可从功能、创新、科学、制作、成本、美观这几个维度来评价,然后学生以此评价量规为导向,进行模型的设计与制作。整个项目的评价包括过程性评价和终结性评价,采取了自评、互评、师评等多元评价的方式,最后根据比例确定等级评级,指出学生进一步改进的方向。

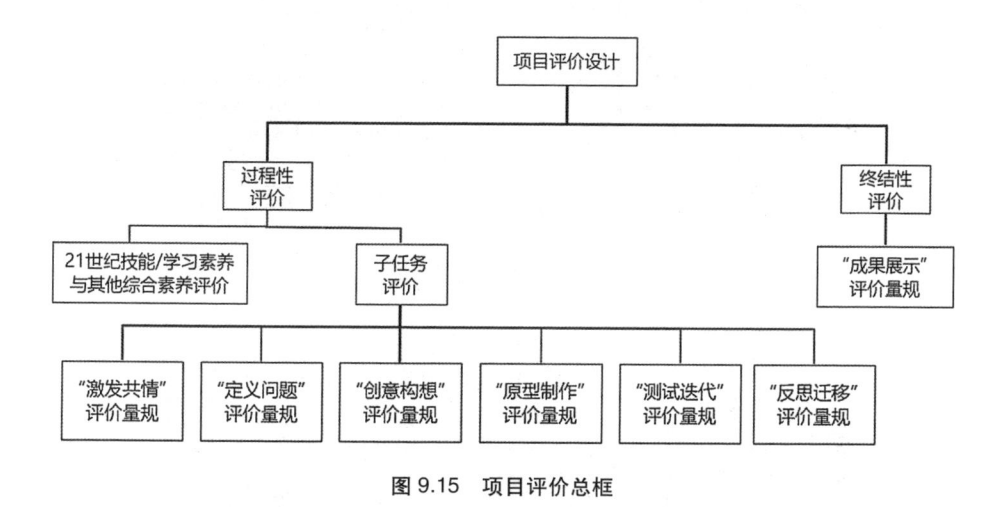

图9.15 项目评价总框

难点三 如何展示终结性成果和开展多主体评价

针对项目最终成果,各小组加以展示,本项目对其开展四种主体的终结性评价。

首先,师生评价。学生根据终结性成果评价量规,对本小组和其他小组的成果分别展开自评与互评。教师也对每一小组的成果予以评价。

图9.16 实物模型成果

图9.17 成果评价表

其次,用户评价。项目邀请学校负责屋顶农场管理的老师和日常管理人员对节水模型进行评价和试用。从实际效果来说,各小组模型都得到了用户的较高评价,管理人员一致认为:模型节水的效果较为明显,资源综合利用率高,优化设计的灌溉控制系统有利于植物的生长,能满足不同植物的差异化需求;同时,模型易于操作实现,可进一步解放人力,有很好的应用场景和推广价值。

最后,专业农场设计工程师评价。项目邀请漫田(上海)农业科技有限公司的专业工程师对模型进行了评价。专业工程师对各组模型的完成度和完整性表示赞赏,认为模型从学校需求和项目实际出发,具有可实现的现实基础和较好的经济效益。专业工程师建议,各组可对模型进行进一步优化,形成标准化的节水产品,从而为模型的推广应用打下基础。

难点四　如何设置多元化评价指标

除了实施过程中提到的各任务的过程性评价与终结性成果评价,我们还针对各小组的21世纪技能和学习素养及其他综合素养展开了评价。

表9.19　21世纪技能和学习素养

主要指标	15分	10分	5分	评分
团队协作能力	团队分工明确、合理,各成员各司其职,协作良好;团队成员态度积极向上,积极主动解决问题。	团队分工、任务安排较明确,有基本的合作;团队成员态度较为积极,能在教师引领下解决部分问题。	没有分工合作,团队态度较为消极,不愿解决实际问题;成员角色不清晰,或者有分工,但实际中无合作或团队合力发挥不明显。	
沟通能力	面对问题能主动、高效、及时沟通,表达观点客观理性,对解决问题起到明显的推动作用。	合作过程中能开展沟通,较为准确清晰地表达自身观点,在推动问题解决中起到了一定作用。	合作过程中沟通不足或者不沟通,观点表达不够准确或者存在错误,沟通效果不理想,不能服务于问题解决。	

续　表

主要指标	15 分	10 分	5 分	评分
创造性思维	能较多提出独创性解决问题的思路和办法，灵活运用所学知识解决实际问题，提出的思路和方法科学有效。	在解决问题过程中能基于所学知识提出问题解决的初步思路和方案，具有一定的思辨能力，提出的方案有一定科学道理。	很少或者无法提出解决问题的有效方案，知识运用不够灵活，不能形成针对性的解决方案。	
批判性思维	具有突出的独立思辨能力，能准确总结已有方案的优缺点，并针对性提出改进措施。	具有一定的思辨能力，能运用已有方案解决具体问题，并在一定程度上提出方案实际作用中存在的缺陷。	对已有知识或者方案较为依赖，不能或者很少提出有建设性的修改意见，基本不能针对具体方案提出优化措施。	

表 9.20　展示交流能力等其他综合素养的评价量规

主要指标	15 分	10 分	5 分	评分
主题准确	对演示主题的理解和把握准确，传达信息准确无误，演示内容完整，涵盖了必要的信息点。	演示交流主题较为明确，传达信息较全面，涵盖了大部分模型内容。	演示交流主题不够明确，传递信息较片面、不完整，不能全面反映模型内容。	
语言表达	语言表达清晰明了，准确规范，流畅无重复，内容有条理，组织有序。	整体叙述基本清晰，流畅度尚可，涵盖了大部分内容，遗漏部分较少。	语言描述不清，理解较为困难，表达内容存在较多缺陷，不能反映实际情况。	
坚持毅力	遇到困难能坚持到底，表现出顽强的毅力和决心。	遇到困难表现出一定的坚持和努力，能多次尝试解决问题。	遇到困难产生畏难情绪，不愿尝试或逃避问题。	

参考文献

[1] Wasson, C. Ethnography in the Field of Design[J]. Human Organization, 2000, 59(4).
[2] 姜兴慧."认识自我"的教学实践——以 4F 动态引导反思法为例[J].中小学德育,2017(10).

第十章 跨学科教学评价的优势

本章案例
认识自己——道德与法治学科融入心理团体辅导促多主体评价

第一环节 设计思考

环节一 设计缘由

心理健康教育是中小学道德与法治学科、中小学心理健康教育工作共同关注的主题，两者也分别为义务教育阶段的学生设计了具体的心理健康教育教学目标，部分存在交叉。

《义务教育道德与法治课程标准（2022年版）》确定了五个核心素养：政治认同、道德修养、法治观念、健全人格、责任意识。其中，健全人格侧重于心理健康教育，指的是"具备正确的自我认知、积极的思想品质和健康的生活态度"。"培育学生的健全人格，有助于他们正确认知自我、学会学习、学会生活、学会合作，养成积极的心理品质，提高适应社会、应对挫折的能力。"在1~9年级的学段目标和教学内容中，有机融入国家安全教育、生命安全与健康教育、劳动教育，以及信息素养教育、金融素养教育等相关主题，强化中华民族传统美德、革命传统和法治教育。根据不同阶段学生的身心发展特点，以学生实际生活为基础，分学段设计了循序渐进、螺旋上升的心理健康教育。

《中小学心理健康教育指导纲要（2012年修订）》指出："心理健康教育的总目标是：提高全体学生的心理素质，培养他们积极乐观、健康向上的心理品质，充分开发他们的心理潜能，促进学生身心和谐可持续发展，为他们健康成长和幸福生活奠定基础。"并结合不同年龄阶段学生的身心发展特点,设置分阶段的具体教育内容。此外还指出中小学心理健康教育需"贯穿于教育教学全过程。全体教师都应自觉地在各学科教学中遵循心理健康教育的规律,将适合学生特点的心理健康教育内容有机渗透到日常教育教学活动中"。

环节二 跨学科探索的优势

《义务教育道德与法治课程标准(2022年版)》围绕"健全人格"素养的培养,建议使用如下教学方法:案例分析、情境演练、模拟体验、结合影视作品展开讨论、角色扮演与讨论等。

另一方面,课标还提出:"坚持多主体评价。充分发挥学校、教师、学生、家长等不同评价主体或角色的作用,形成多方共同激励的机制,从各个渠道,采取多种方式全面观察和收集学生在各种场景中的日常品行表现,各评价主体之间要充分沟通交流,形成育人合力,增强学生学习的动力和信心。"

心理健康教育在心理辅导实践中形成了多种多样的教学方法和策略,不仅包括道德与法治课标建议的方法,还包括了知识教育、沟通训练、艺术治疗、放松训练、来访者中心、阅读疗法、身心灵综合辅导、沙盘游戏、心理剧、心理团体辅导等,都得到广泛运用。这些方法已经形成较为稳定、具体的操作流程和步骤,便于教师参考使用,提升道德与法治学科"健全人格"素养的培养效果。

其中,心理团体辅导既包含了系列多元的教学方法,也便于多主体评价的开展。心理团体辅导是在团体情境下,融合积极倾听技术、提问技术、自我表露技术、暗示技术、同理技术和支持技术等,能够引导团体成员彼此交往、相互协作,尝试改变心态,学习新的积极行为方式,从而纾解不良情绪,促进解决心理困扰的教学方法。该教学方法便于在班级教学中开展,也常设计有针对性的游戏活动,能让学生在受到他人关注的氛围中自觉调整自己的言行和精神面貌,以更加积极的心态参与游戏活动,并在游戏活动中积极表现自我,逐渐放松心情、培养自信心,从而提高人际交往能力;有效促进学生打开心扉、帮助学生认识自我、引导学生换位思考。

最后,心理健康教育研究中其实已经存在大量的多主体测量工具,如测量量表,不少还设计了可用于多个主体(如学生、家长、教师)的测量工具,也便于转化为教学评价工具。

第二环节　跨学科教学设计

环节一　教学设计概要

- 课名:认识自己
- 设计者:王莉(华东师范大学附属杭州学校)
- 课时:1课时
- 适用年级:初中一年级
- 跨学科教学目标设计依据:

表 10.1　设计依据

依据来源	具 体 解 析
《义务教育道德与法治课程标准(2022年版)》	客观认识和对待自己,形成正确的自我认同,提高自我管理能力。
《中小学心理健康教育指导纲要(2012年修订)》	为初中年级设置的分阶段具体教育目标和内容包括"帮助学生加强自我认识,客观地评价自己"。

- 跨学科教学目标:

① 通过三个团体心理辅导活动,初步掌握正确认识自己的途径和方法。

② 通过团体活动"别人眼中的我",学会正确对待他人的评价;形成客观、完整的自我概念。

③ 通过完善乔哈里窗内容,树立自信心,能够客观地认识自己,能够积极接纳自己,形成客观、完整的自我概念。

◆ 教学材料选取及分析:

选取统编道德与法治教材七年级上册第一单元《成长的节拍》中的第三课《发现自己》第一框。主要包括两方面内容。一,"人贵自知",认识自己的重要性。二,"多把尺子量自己",通过学生活动引导学生探索自己:认识自己的角度,认识自己的途径,认识自己是一个过程。通过本课学习,让学生了解和掌握认识自己的重要性和方法,在现实生活中应用,从而更好地发展自我。

◆ 课前准备:

派厄斯(Piers)和哈里斯(Harris)儿童自我意识量表在线测试(问卷星)。

环节二 教学过程

任务一 团体辅导游戏导入

【课堂之约】

师:同学们,伴着轻柔的音乐,带着快乐的心情,让我们打开心灵之窗,一起进入心灵驿站。(课件出示)我们约定:真诚、分享、尊重、保密。

【游戏热身】

师:好的,看来大家都准备好了。首先,我们一起来做一个"秋风吹"的游戏,请大家注意听游戏规则:

老师喊口令"大风吹——",同学们问"吹什么?",老师会说"吹_____特征的人",符合这个特征的人就要迅速站起来,说"我是_____的人"。("戴眼镜的人","喜欢体育的人","上课爱回答问题的人","担任课代表的人"……)

师:同学们反应可真快,通过刚才的小游戏,老师发现:我们每个人都有自己的特点。其实在我们每个人的内心深处,都有一个小小的"我"。那你了解这个"我"吗？你所认识的那个又是真的"我"吗？

今天，就让我们来到心灵驿站，一起来认识自己，探究我们的内心世界。（出示课题、板书）

早在两千多年前，我国的思想家老子就说过"知人者智，自知者明"，意思是说：能了解他人是聪明人，能了解自己才称得上是明白人。既然认识自己如此重要，我们在生活中应该如何认识自己呢？

任务二　我眼中的我

师：同学们，12、13 岁的你们是如此的独一无二，你们的热情、你们的才华、你们的魅力，包括还有那么一点点小小的不完美，就构成了如此生动的你们！那接下来请大家拿出手中的心语纸，给我们的心灵一次独处的机会，根据真实情况完成下面至少 5 个以"我"开头的陈述句。

学生作业 1

请根据真实情况完成下面至少 5 个陈述句。要求：写出自己的独特之处（外貌、性格、爱好、优点或缺点、担任职位时的表现等）。

★ 我 ＿＿＿＿＿＿＿＿＿＿＿＿＿＿＿。
★ 我 ＿＿＿＿＿＿＿＿＿＿＿＿＿＿＿。
★ 我 ＿＿＿＿＿＿＿＿＿＿＿＿＿＿＿。
★ 我 ＿＿＿＿＿＿＿＿＿＿＿＿＿＿＿。
★ 我 ＿＿＿＿＿＿＿＿＿＿＿＿＿＿＿。

播放音乐，让学生静心写。

师：同学们诚恳、认真面对自己内心的样子真美！那有没有同学愿意分享一下，让更多的人认识你？（请三名同学发言）

师：（出示图片 10.1）一起来认识一下一位同学。这位同学是从哪方面认

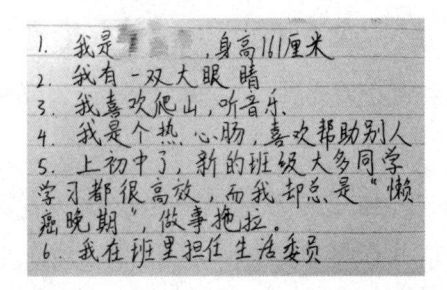

图 10.1 该同学是从哪些方面认识自己的？

识自己的？是通过什么途径来了解自己的呢？

师引导：生理、心理、社会（群体关系）。

生：自我观察、与别人比较。

师：你比较喜欢用哪种方式来评价自己呢？

师：但是有时候"不识庐山真面目,只缘身在此山中",我们还要借助他人的眼睛,更全面地认识自己。（出示课件知识）

任务三　别人眼中的我

师：那接下来我们来看看"别人眼中的我"是什么样子的？我们接着来进行第二个活动。

同伴评价活动规则：

① 给你熟悉的三位同学分别写纸条,可以写他/她的优点或者你认为他/她令人欣赏的地方,也可以提点小希望（如果你能……就更好了）。

② 离开座位,将纸条悄悄地贴在被评价同学（老师）的学历案上。

③ 温馨提示：不要让他人评价变成相互攻击的手段,也不能只是相互夸赞而流于形式。也不得在课后传播。

在听到别人的评价后,请同学们结合课前父母、老师和重要他人的评价,思考并表达分享,可以从以下几个方面来考虑并组织发言（教师随机采访）：

① 同学最喜欢我的是？

② 同学觉得我还有进步空间的是？

③ 哪些优点是自己原本知道的？哪些优点是自己尚未察觉的？

④ 以后该如何更好地利用这些优点？

⑤ 不同的人对我的评价各不相同，我怎么看待这些不同？我该如何对待这些评价？

师：有些评价会帮我们进步，成为更好的自己，所以我们选择接受。然而在生活中，会有人赞许你、称颂你，也会有人批评、责怪你，甚至歧视你，在各种各样的议论中，你还能分清哪个是真正的"你"吗？有些评价会无形中绑架我们，限制我们，那我们应该怎样对待他人的评价？

师总结：我们要重视他人的态度与评价，用心聆听、不早下结论，要有足够的勇气面对有些我们不愿意听的评价，冷静分析，有则改之，无则加勉，平静思考后加以拒绝。但也要客观冷静分析，既不能盲从，也不能忽视。用理性的心态面对他人的评价，是走向成熟的表现。

任务四　重新认识的我

师：经过我眼中的我、别人眼中的我，你对自己的认识是不是更丰富、更立体了？

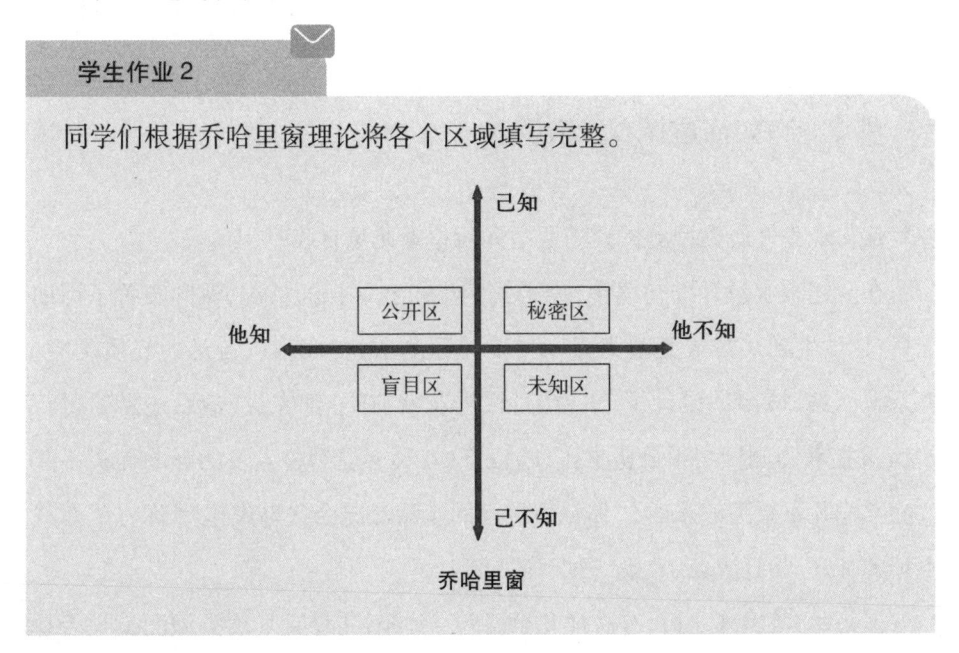

学生作业 2

同学们根据乔哈里窗理论将各个区域填写完整。

```
                    己知
                     ↑
              ┌──────┬──────┐
              │ 公开区│ 秘密区│
     他知 ←───┼──────┼──────┼───→ 他不知
              │ 盲目区│ 未知区│
              └──────┴──────┘
                     ↓
                    己不知

                   乔哈里窗
```

第十章　跨学科教学评价的优势　217

生分享。

师：认识自己是个过程，需要我们大家不断去探索。

任务五　小结

师：同学们，本节课我们一起了解了认识自己的重要性，还重点学习了认识自己的方法，那也希望同学们在认识自己的基础之上，爱自己！（板书画出爱心形状）认识自己是为了遇见更美的自己！

第三环节　跨学科教学设计难点分析

本跨学科教学设计在道德与法治学科教学中融入心理健康教育的团体辅导活动教学方法，借鉴心理健康教育测量量表形成教学评价工具，并结合团体辅导活动的多主体性，开展多主体评价。

但是，在实际教研中，遇到如下四个具体的疑问，以下对如何分析、如何改进这些疑问、难点加以说明。

难点一　如何选择心理小调查

从艾森克气质类型测试到派厄斯和哈里斯儿童自我意识量表。

在上述教学设计的初稿中，为了解学生自我认识的情况，教师布置了课前准备，请学生到某网站上做艾森克气质类型测试，在线测试自己的气质类型。打开该网站，该测试设计了72道题目，需花费30分钟完成，最后还需要付款9.9元才能获得测试结果分析报告，题目有如"你会受销售人员的影响而买一些实际上你并不想买的东西""你觉得自己的生活状况令父母失望""你想戒而戒不掉的嗜好，如打游戏、熬夜、吸烟等"。

但是，初稿出来之后，有这样几个疑问：首先，艾森克气质类型测试是否是最适合本课教学目标的一份工具？它的不少题目并不很适合初中学生,学生是否有很多独立购物经历,是否会考虑自己生活状况令父母失望与否？其次,付费9.9元才能看到测试结果,一个班级几十名学生,一个年级百余名学生,成本并不经济,是否有免费测试？

教研团队经过讨论,转而选择了派厄斯和哈里斯儿童自我意识量表(见表10.2)。该量表为免费工具,在同类量表中信效度较好,题目较为全面,且在国外被广泛用于衡量8至16岁儿童,适合初中一年级学生。但是量表题目数量不少,包含80个题目,可以分为6个子量表:行为,智力与学校情况,躯体外貌与属性,焦虑,合群,幸福感和满足感。采用"是"(1分)或"否"(0分)回答。

表10.2 《认识自己》一课最终选用的派厄斯和哈里斯儿童自我意识量表

1. 我的同学嘲弄我*①	15. 我是强壮的
2. 我是一个幸福的人	16. 我常常有好主意
3. 我很难交朋友*	17. 我在家里是重要的一员
4. 我经常悲伤*	18. 我常常想按自己的主意办事*
5. 我聪明	19. 我善于做手工劳动
6. 我害羞*	20. 我易于泄气*
7. 当老师找我时,我感到紧张*	21. 我的学校作业做得好
8. 我的容貌使我烦恼*	22. 我干许多坏事*
9. 我长大后将成为一个重要的人物	23. 我很会画画
10. 当学校要考试时,我就烦恼*	24. 在音乐方面我很不错
11. 我和别人合不来*	25. 我在家表现不好*
12. 在学校里我表现好	26. 我完成学校作业很慢*
13. 当某件事做错了常常是我的过错*	27. 在班上我是一个重要的人
14. 我给家里带来麻烦*	28. 我容易紧张*

① 带星号*的为反向题,计分方式为答"是"计0分,"否"计1分。

第十章 跨学科教学评价的优势　219

续　表

29. 我有一双漂亮的眼睛	55. 我长得漂亮
30. 在全班同学面前讲话我可以讲得很好	56. 我常常打架*
31. 在学校我是一个空想家*	57. 我与男孩子合得来
32. 我常常捉弄我的兄弟姐妹、朋友	58. 别人常常捉弄我*
33. 我的朋友喜欢我的主意	59. 我家里对我很失望*
34. 我常常遇到麻烦*	60. 我有一张令人愉快的脸
35. 在家里我听话	61. 当我要做什么事时总觉得不顺心*
36. 我运气好	62. 在家里我常常被捉弄*
37. 我常常很担忧*	63. 在游戏和体育活动中我是一个带头人
38. 我的父母对我期望过高*	64. 我笨拙*
39. 我喜欢按自己的方式做事	65. 在游戏和体育活动中我只看不参加*
40. 我觉得自己做事丢三落四*	66. 我常常忘记我所学的东西*
41. 我的头发很好	67. 我容易与别人相处
42. 在学校我自愿做一些事	68. 我容易发脾气*
43. 我希望我与众不同*	69. 我与女孩子合得来
44. 我晚上睡得好	70. 我喜欢阅读
45. 我讨厌学校*	71. 我宁愿独自干事,而不愿意许多人一起做事情*
46. 在游戏活动中我是最后被选的*	72. 我喜欢我的兄弟姐妹
47. 我常常生病*	73. 我的身材好
48. 我常常对别人小气*	74. 我常常害怕*
49. 在学校里同学们认为我有好主意	75. 我总是摔坏或者打坏东西*
50. 我不高兴*	76. 我能得到别人的信任
51. 我有许多朋友	77. 我与众不同*
52. 我快乐	78. 我常常有一些坏的想法*
53. 我精力充沛	79. 我容易哭叫*
54. 对大多数事我不发表意见*	80. 我是一个好人

难点二　如何完善心理健康教育量表作为教学评价工具

在量表选择完毕的基础上，本文作者搜索相关研究论文，了解影响学生自我认识的常见个人因素有：性别、家庭经济社会地位、学习成绩、是否担任班干部、是否与祖父母一起生活、是否独生子女等。于是计划在自我意识量表的基础上，补充搜集上述学生个人背景信息，以了解学生个人因素和自我意识量表答题情况之间的关系。并制作成电子问卷，计划通过问卷星进行发放。由于量表题目较多，教师安排周末课前作业完成，学生的时间较为充裕。

但是，经过讨论，做出如下改动：一，考虑到涉及家庭隐私信息，删除了学生家庭经济社会地位信息的搜集，如"父亲职业""母亲职业""父亲受教育程度""母亲受教育程度"等题目都进行删除。二，在电子问卷的基础上，增加自动计算得分的功能，每位学生完成问卷之后，平台自动给出学生本测量量表的得分情况，从而确保在课前学生就可以了解到自己的自我认识整体水平。一般来说，总得分高表明该学生自我意识水平高。

最后，教师对一个年级三个班级进行量表施测，共回收 94 份有效问卷。使用 SPSS 统计分析软件进行分析，了解学生的自我认识特征和可能的影响因素。量表 80 道题目的克隆巴赫系数为 0.932，内部一致性高。

94 名学生的得分情况为：35.1% 的学生落入正常范围，即得分为 51~63；24.5% 的学生得分偏低，即 11~52 分；还有 40.4% 的学生得分偏高，即 64~74 分。相关研究表明，偏低的学生可能存在一定的行为问题，偏高的学生则存在自我要求过高的现象。6 个子量表得分均值排序，依次为：行为（均值 0.85 分），幸福感和满足感（均值 0.77），合群（均值 0.74），焦虑（均值 0.71），智力与学校情况（均值 0.69），躯体外貌与属性（均值 0.62）。整体上符合行为问题随年龄增长而减少，学业问题、情绪问题随年龄增长而增加的规律。

此外，对学生个人背景信息和量表 80 题答题情况进行相关分析，发现：性别和 7 个题目答题情况相关，是否担任班干部和 7 个题目答题情况相关，是否和祖父母同住和 11 个项目相关，是否是独生子女和 6 个项目相关，学习成绩情况和 48 个项目相关。

基于上述发现，教研团队决定在教学中针对学生对学习成绩的过度关注、对进入青春期的外貌焦虑这两个课标、教材上没有特别凸显和展开的主题，在教学过程中加以关注。在教学之外，增设两个讨论："美有没有唯一的标准？""学习成绩不好，是不是一个好孩子？"

难点三　量表融入跨学科教学作为教学评价工具需要几个步骤

道德与法治的心理健康教学评价中借鉴心理学测量量表开发教学评价工具，主要涉及如下几个步骤。

第一步：梳理课标及统编教材。目前统编道德与法治教材中，初中心理健康教育主题主要分布在七年级上、下两册中，如《成长的节拍》《友谊的天空》《生命的思考》《青春时光》《做情绪情感的主人》。小学心理健康教育主题分布较为均匀，各年级都有涉及，如《我会努力的》《快乐学习》等。分析这些教学内容，可以发现对应的心理学理论主要有：学习心理、自我意识、人际关系、生命教育、青春期性教育、情绪管理等。

第二步：根据教学评价的实际需要，选择合适的心理测量量表加以借鉴。挑选标准可以有：测量量表与教学内容、学生年龄的吻合程度；题目数量与可操作性（如有的只有短短十道题目，便于发放和统计；有的则数量较大容易引起答题者疲劳）；测量量表的信效度；测量量表是否经过本土化，是否适合我国学生的情况；测量的周期长短（如一周、一月）；学生家长是否支持等。

目前,义务教育阶段道德与法治心理健康教育内容对应了不少心理学测量工具,本文加以梳理(见表10.3),在学习心理方面,可以选择余安邦、杨国枢编制的学习动机量表;自我意识可采用派厄斯和哈里斯的儿童自我意识量表;人际关系量表主要涉及纵向(如师长)和横向人际(同伴)等多种;生命教育可采用王极盛编制的中学生心理健康量表(MSSMHS);青春期性心理健康可用骆一和郑涌编制的自评量表;情绪管理方面,可采用沃森(D. Watson)等编制的正性与负性情绪量表(PANAS)。上述量表信效度较好,题目数量也较为合理,会比目前网络上一些心理小测量更具科学性。

表10.3 道德与法治心理健康教育内容与相关心理学测量量表

教材内容	心理学理论	测量工具
● 七上 单元一 成长的节拍(中学时代;学习新天地) ● 三上 单元一 快乐学习(学习伴我成长;我学习,我快乐;做学习的主人) ● 二下 单元四 我会努力的(我能行;学习有方法;坚持才会有收获;奖励一下自己)	学习心理	● 学习动机量表(余安邦、杨国枢,1987)
● 七上 单元一 成长的节拍(发现自己) ● 三下 单元一 我和我的同伴(我是独特的;不一样的你我他;同学相伴)	自我意识	● 儿童自我意识量表(派厄斯、哈里斯,1974)
● 七上 单元二 友谊的天空(友谊与成长同行;交友的智慧) ● 七上 单元三 师长情谊(师生之间;亲情之爱) ● 五下 单元一 我们一家人(读懂彼此的心;让我们的家更美好) ● 五上 单元一 面对成长中的新问题(学会沟通交流) ● 三上 单元四 家是最温暖的地方(父母多爱我;爸爸妈妈在我心中) ● 三下 单元三 我们的公共生活(爱心的传递者) ● 四上 单元二 为父母分担(少让父母为我操心)	人际关系	● 同伴关系量表(马什等,1984) ● 师生关系量表(褚昕宇,2006) ● 家庭亲密度和适应性量表(奥尔森等,1979)

续 表

教 材 内 容	心理学理论	测量工具
• 七上　单元四　生命的思考(探问生命;珍视生命;绽放生命之花) • 三上　单元三　安全护我成长(生命最宝贵)	生命教育	中学生心理健康量表(MSSMHS)(王极盛,1997)
• 七下　单元一　青春时光(青春的邀约;青春的心弦)	青春期性教育	青春期性心理健康自评量表(骆一、郑涌,2006)
• 七下　单元二　做情绪情感的主人(揭开情绪的面纱;品出情感的韵味)	情绪管理	正性与负性情绪量表(PANAS)(沃森等,1988)

第三步：完善教学评价工具。在选定心理学测量量表之后，可结合学生实际情况，适当完善测量量表，如增加一些个人背景信息题目，如性别、在校是否担任班干部、学习成绩情况等，从而有助于辨别影响测量量表数据的一些个人因素。目前心理学测量量表中，既有针对学生，也有针对家长、同伴等的工具。教师可以结合教学内容要求，选择对哪些主体展开测量。发放测量量表可通过信息化技术手段开展，如问卷星、学校的智慧平台等。信息技术的融入，有助于快速计算得分、给学生反馈，也便于教师使用统计分析软件如 EXCEL 或者 SPSS 等，对测量的数据进行分析。

难点四　如何结合心理团体辅导活动进行多主体质性评价

本教学设计吸收团体心理辅导的教学方法，教学注重引导学生在小组、班级中分享自己的经历、体验和感受。团体心理辅导通过团体内人际互动，使团体成员自知自助，进行分享、体验、感受，从而发展健康人格。团体心理辅导发挥了团体特有的多维人际互动，开展小组合作，促进生生互动、师生交流，有助于激发学生的心理情感体验。因此，也必然给道德与法治心理健康教育课堂教学带来开展多主体质性评价的要求，以此来记录、评价学习过程。质性评价力图通过自然的调查，全面充分地解释和描述评价对象的各种特征，以阐明意义，促进理解。

1. 开发多主体质性评价工具

首先，在设计课堂多主体质性评价工具的时候，教师可以在草稿纸上画出四列。第一列填入简要的教学流程；第二列，明确各教学流程分别要落实哪些教学目标；第三列，结合第一列、第二列，填入道德与法治心理健康教育常见的评价主体——学生、同伴、教师、家长等；第四列，选择填入常见的课堂质性评价工具——课堂观察、作业分析、笔记分析、作品分析、提问、讨论等。从而确保评价的有效性，明确评价线索，服务教学目标落实，即依据评价目标，结合所创设的团体心理辅导活动任务，来编制多主体质性评价工具。尽可能兼顾多种主体、多类型评价工具的组合使用，从多主体的角度、多种方式来了解学生状况。任何一种评价方法和工具都不能完全评价出一个学生的全部素质与能力，过程性评价应当尽可能地将各种方法结合起来使用。

其次，反思所选择的评价主体和工具，考虑质性评价的可行性，如使用该工具的时间、精力成本，合理组合，避免个别评价工具过于繁琐而占据师生过多的时间。如果教学中使用了心理小测试（较偏量化）等，可以统筹考虑量化工具和质性工具之间的功能互补。

第三，评价工具的开发，还可借鉴团体心理辅导典型活动策略，如鼓励营造安全、信任的课堂学习氛围，给课堂多主体评价提供轻松交流互动的氛围。如团体心理辅导鼓励自我发现、思考和反思，也鼓励团体成员和团体内不同的成员群体进行互动，教师可设计使用书面写作、作业单、反思日志等，给学生提供自我分析、收到他人评价反馈的机会，也便于教师分析学情。

本教学设计在使用心理学测量量表对学生学情进行测量的基础上，围绕

《认识自己》一课，针对三个教学目标分别设计了四个团体心理辅导活动。在开展三个团体心理辅导活动的过程中，系统设置涉及自己评价、同伴评价、教师评价的多主体质性评价工具（见表10.4）。这四个主体评价工具，并不是仅仅为了做到多个主体参与了评价，而是互相补充，巧妙融为一体，拓宽师生对学生自我认识情况信息的了解。

表 10.4 《认识自己》多主体质性评价工具开发表

教学目标	团体辅导活动	评价主体/工具
掌握正确认识自己的途径和方法	我眼中的我	学生作业1
学会正确对待他人的评价	别人眼中的我	同伴评价
		教师访谈学生
形成客观、完整的自我概念	重新认识的我	学生作业2

这四个质性评价工具涉及了多个自我认识的层次。如"我眼中的我"活动，使用自我评价，"学生作业1"引导学生多个角度反思。"别人眼中的我"教学活动中，使用了同伴评价工具，学生既会收到和自评相似的同伴评价，也可能会收到和自评冲突的一些评价，这一过程，引发学生对自评、他评的思考。教师组织师生访谈，提问学生该如何对待这些评价，帮助学生掌握客观对待他人评价的能力，落实了教学目标，又留下过程性口头数据。

2. 如何分析、使用多主体质性评价数据

在课堂教学过程中，本教学设计学习单来收集课堂教学中学生自评、互评的记录和作业。以下为教师收集的学生完成的作业单。

教师对收集来的"学生作业1"（生自评）发现，其中出现的高频词集中在对自己外貌、学习成绩、爱好、合群情况等方面的关注。教师对收集来的同伴评价进行分析，发现同伴评价和学生自评之间存在一定的差异甚至冲突，特别是

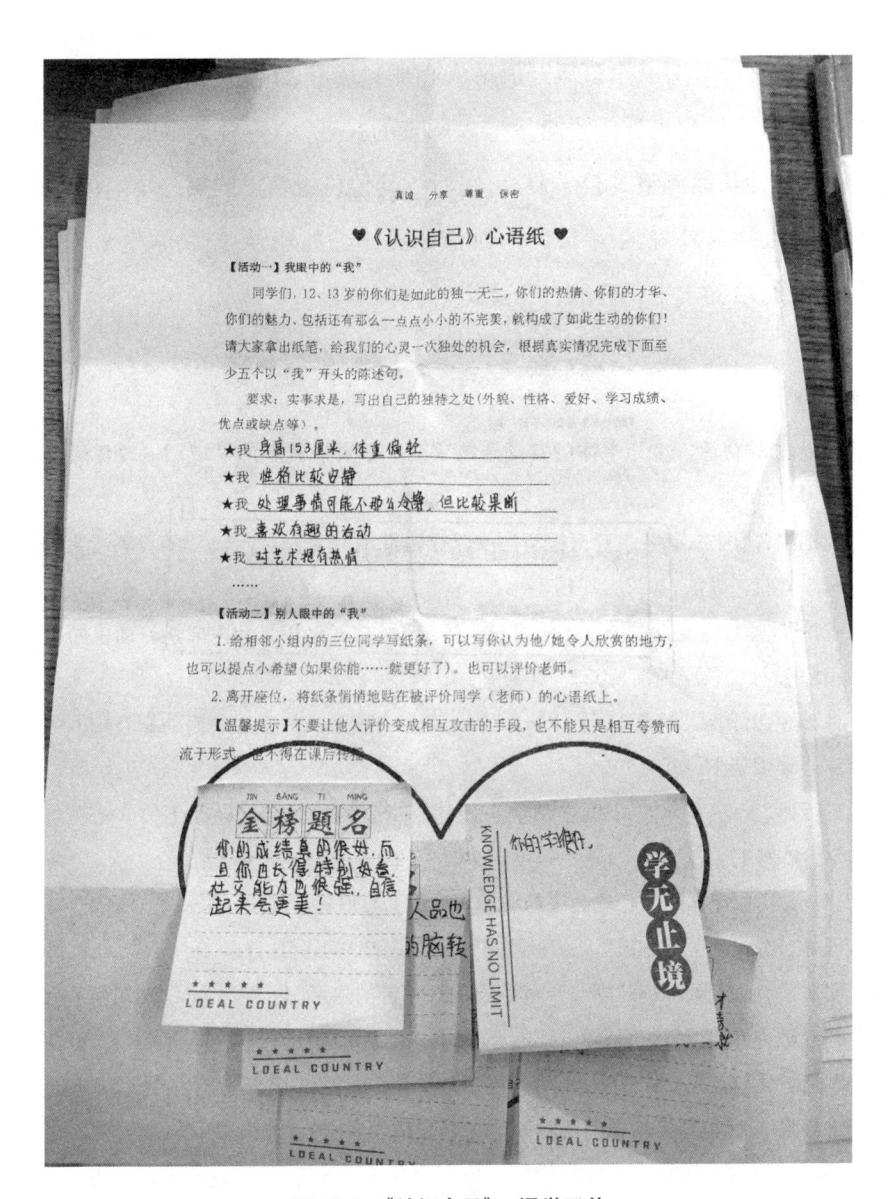

图 10.2 《认识自己》一课学习单

对学习成绩的表述,本人对自己学习成绩满意度相对低一些,而同伴则对该学生的成绩评价更高。上述质性数据的分析和比对,可以反映学生自我认识和同伴认识之间的落差,也体现学生自我认识中对本人学习成绩的高要求。

第十章　跨学科教学评价的优势

任课教师在针对一个班级开展融入心理测量量表的多主体评价之后,得到上述发现;这些发现也呼应了测量量表调查的发现,学生对学习成绩关注度过高。任课教师从而调整其教学要点,在后续其他班级教学的第一个团体心理辅导活动中,增加对外貌、学习成绩的讨论和团体心理辅导,鼓励学生全面、客观地认识自己,培养学生积极的自我意识,自信心。

参考文献

[1] 熊杨敬.教育评价多元主体的共同建构——基于对话哲学的视域[J].教育研究与实验,2018(5).

[2] 靳娟娟,俞国良.义务教育道德与法治课标修订中"心理健康教育"的设置考量[J].课程·教材·教法,2022,42(1).

[3] 安南.教师自主支持对中学生学习投入的影响:成长型思维和内部学习动机的中介作用[J].社会科学前沿,2022,11(3).

[4] 苏林雁,万国斌,杨志伟,等.Piers-Harris 儿童自我意识量表在湖南的修订[J].中国临床心理学杂志,1994(1).

[5] 王极盛,李焰,赫尔实.中国中学生心理健康量表的编制及其标准化[J].社会心理科学,1997(4).

[6] 骆一,郑涌.青春期性心理健康的初步研究[J].心理科学,2006(3).

[7] 邱林,郑雪,王雁飞.积极情感消极情感量表(PANAS)的修订[J].应用心理学,2008,14(3).

[8] 骆文淑,杨志明."双减"背景下加强形成性评价的思考[J].中国考试,2022(1).

[9] 孙时进,高艳.团体心理辅导:理论与应用的多维度思考[J].思想·理论·教育,2006(5).

[10] 裴利华.团体辅导在心理健康教育课程中的应用研究[J].中国心理卫生杂志,2006(8).

[11] 钟启泉.新课程师资培训精要[M].北京:北京大学出版社,2002.

[12] 郭炯,霍秀爽.学生学习过程质性评价工具的开发与应用研究[J].电化教育研究,2012,33(7).

[13] 吴维宁.过程性评价的理念与方法[J].课程·教材·教法,2006(6).

[14] 孙晓娥.扎根理论在深度访谈研究中的实例探析[J].西安交通大学学报(社会科学版),2011,31(6).

[15] Falco, L. D., & Shaheed, C. Putting Theory into Practice: A Conceptual Framework for

Career Group Counseling in School Settings[J]. The Journal for Specialists in Group Work, 2021, 46(1).

[16] 刘坚,黄钰莹,颜李朝.课堂教学评价数据挖掘与分析[J].湖南师范大学教育科学学报,2019,18(2).

[17] 吴波.我国心理健康服务方法的现状研究[D].重庆:西南大学,2012.

[18] 黄启勇.初中学校开展心理团体辅导的思考与实践[J].广西教育,2024(4).

附 录

常见问题清单一览

1. 如何系统梳理教材内容？
2. 如何创意开发情境学习材料，链接学习内容？
3. 如何开展即时表现性评价？
4. 如何选择综合性主题，促成德育与多学科融合？
5. 如何搭建项目式学习支架，落实跨学科教学目标？
6. 如何针对问题解决情况开展评价？
7. 在全校范围开展跨学科教学设计会遇到哪些挑战，该如何应对？
8. 问题链设计的原则？
9. 任务情境创设的原则？
10. 跨学科教学设计中的教师角色定位？
11. 如何基于真实问题进行问题链、任务链迭代？
12. 如何理性看待课标要求，迭代问题链、任务链因材施教？
13. 学科教师如何加强合作促进问题链、任务链迭代？
14. 评价如何促进学习？
15. 如何选取适用于跨学科跨文化实践研究的理科教育素材？
16. 理科教师如何进行跨学科教学认知调整？
17. 如何确定跨学科项目的核心？
18. 如何在跨学科项目中帮助学生进入状态？
19. 如何培养学生21世纪技能和学习素养？
20. 如何达成馆校配对？

21. 如何开展馆校共研？

22. 如何搭建学习支架，形成系列项目子成果便于评价？

23. 如何设置导向性评价量规？

24. 如何展示终结性成果和开展多主体评价？

25. 如何设置多元化评价指标？

26. 如何选择心理小调查？

27. 如何完善心理健康教育量表作为教学评价工具？

28. 量表融入跨学科教学作为教学评价工具需要几个步骤？

29. 如何结合心理团体辅导活动进行多主体质性评价？

教学设计通用图表一览

1. 图Ⅰ　跨学科教学的学科融合思路图　　　　　　　　　　4
2. 表Ⅰ-1　跨学科主题学习教学设计通用表　　　　　　　　4
3. 表Ⅰ-2　跨学科教学目标设计依据表　　　　　　　　　　6
4. 图Ⅱ　跨学科教学活动组织：问题链与任务链的设置　　　66
5. 表Ⅲ　莫瑟跨学科教学设计材料的评价指标　　　　　　　177